pierre delcourt

LE VICE A PARIS

George Auriol

LIBRAIRIE FRANÇAISE

ALPHONSE PIAGET

ÉDITEUR

16, RUE DES VOSGES

1887

LE VICE A PARIS

DU MÊME AUTEUR

—

Le glossaire des aménités du langage
dans le journalisme parisien in-16
Ce qu'on mange a Paris in-18

SOUS PRESSE

Le vol a Paris. in-18

LE
VICE A PARIS

PAR

PIERRE DELCOURT

PARIS
LIBRAIRIE FRANÇAISE
ALPHONSE PIAGET, ÉDITEUR
16, RUE DES VOSGES, 16

—

1888

PRÉAMBULE

« L'homme estant couché avec sa compagne et espouse, la doit mignarder, cha-
touiller, caresser et émouvoir, s'il trouvait
qu'elle fut dure à l'esperon : et le cultiva-
teur n'entrera dans le champ de la nature
humaine à l'estourdy, sans que première-
ment n'aye fait ses approches, qui se feront
en la baisant... aussi en maniant ses parties génitales et petits mamelons, afin
qu'elle soit esprise des désirs du mâle (qui
est lors que la matrice lui frétille), afin

qu'elle prenne volonté et appétit d'habiter et faire une petite créature de Dieu et que les deux semences se puissent rencontrer ensemble ; car aucunes femmes ne sont pas si promptes à ce jeu que les hommes. »

Ces instructions méticuleuses, et fort sages, du docte médecin Ambroise Paré pourraient servir d'épigraphe à l'ouvrage dans lequel nous voulons traiter de l'amour, tel qu'il est compris aujourd'hui par le plus grand nombre des Parisiens ; mais, quel abîme entre ces prescriptions de l'honnête savant du seizième siècle et la formule admise de nos jours en cette matière !

Aux règles simples préconisées par Ambroise Paré, ont succédé des moyens multiples, fort différents de ceux qu'indique « honnêtement » dame nature. L'amour s'est transformé ; il est devenu vice !

Nous sommes loin de l'accouplement idéalement moral ; bien au contraire, l'acrobatie amoureuse se développe largement, si bien les hommes emploient, de nos jours, leur imagination à inventer de nouvelles voluptés et à fatiguer la fantaisie au service de la débauche. Dieu sait aussi quels résultats a donnés une telle extension des désirs génésiques, et, quelles aberrations elle a déjà produites !

Donc c'est bien du vice que nous voulons parler, du seul vice et non pas de l'amour ; nous le voulons traiter, non en psychologue naturaliste, mais en simple narrateur, sous forme d'histoires ou de tableaux, décrits tels qu'il existent, sans amplification ni atténuation, *sans crudité de termes,* le plus simplement qu'il nous sera possible.

Notre prétention ne dépasse pas les bornes de la seule narration : celle du vice à Paris, tel que beaucoup le connaissent et n'osent ou ne veulent le décrire.

Nous avons cherché à remplacer l'analyse par le fait ; aussi notre ouvrage est-il plutôt un recueil d'histoires, à titre d'exemple, *histoires vraies*, prises la plupàrt à des sources officielles.

Tant de volumes, mieux établis que le nôtre, ont traité de la prostitution, que nous avons voulu nous borner *à la seule description du vice à Paris*, et, pour ce faire, raconter par *exemples*, ou histoires, méthode la plus simple, à notre avis, pour bien pénétrer le lecteur du sujet.

LE VICE A PARIS

L'Amour dans Paris — (I. Le Monde — II. — Les Classes moyennes — III. Le bas monde). — Les Souteneurs — Les Pédérastes — Les Singularités de l'Amour.

I

L'AMOUR DANS PARIS

I

LE MONDE

Certes, au temps du bon Ambroise Paré, dont nous avons cité, en tête de notre préambule, les maximes si sages, l'amour existait, sous formes très variées, dans la ville de Paris. Mais, depuis il a suivi une progression, en rapport avec les besoins nouveaux de chaque époque, il en est arrivé à prendre de multiples aspects, et, par des transformations successives, à passer à l'état de vice. Le docte médecin serait fort marri de voir, s'il revenait à la vie présente, quel compte on tient de ses préceptes.

Vice partout, des classes les plus élevées à celles du dernier ordre, l'amour s'est dépouillé de ses côtés poétiques ou rationnels pour ne plus devenir que l'expression de sensations perverties. Sous l'empire d'une névrose générale, les sexes ne recherchent qu'un accouplement *scientifique*, c'est-à-dire calculé savamment par l'effet des combinaisons les plus hybrides.

Et faut-il le dire, les cerveaux éclairés, ceux qui ont reçu l'impression éducative et instructive, sont plus sujets à ces combinaisons raffinées du rapprochement sexuel que les autres, moins favorisés par l'éducation ou l'instruction.

Il n'y aurait pour s'en convaincre qu'à lire les traités officiels de prostitution ; on y constaterait, par exemple, que les maisons de tolérance, ou particulières, offrant les meilleures conditions, au point de vue des ingéniosités de l'amour, ne sont autres que les plus riches et les mieux accréditées vis-à-vis la classe fortunée.

Au contraire, les maisons d'ordre intermédiaire, et surtout leurs similaires de la dernière catégorie, ne comprennent aucun moyen de violenter la nature ou de surexciter passagèrement, et violemment, l'état cérébral de leurs clientèles.

Au surplus, le cadre de cet ouvrage ne devant comporter autre chose que des récits, appelés à servir d'exemples du *vice à Paris*, il ne nous convient pas de décrire ces qualités spéciales des *maisons de haut goût*, et de nous appesantir complaisamment sur des détails aussi bizarres que répugnants ; les amateurs de ce genre de hors-d'œuvres en trouveront aisément l'historique en de nombreux livres *ad hoc*.

Les sexes se rejoignent aussi maintenant dans le seul but d'un accouplement passager, hors certains cas spéciaux constituant l'immense minorité.

Aujourd'hui, à part l'adultère *sincère*, et quelques rares affections *naturelles*, clair-semées au hasard de la cité, les hommes achètent l'amour et les femmes l'exploitent : les unes pour vivre ; d'autres, afin de subvenir à un besoin de luxe que ne permet point de satisfaire leur fortune ou leur position ; certaines enfin, sous l'empire des exigences d'un amant.

Les premières formant la majorité,

dans le monde du vice, se mêlent peu aux secondes, fort nombreuses, mais moins apparentes. Quant aux dernières elles sont assez rares.

Mais, outre ces catégories de femmes d'amour, il en existe une autre, constituée des êtres féminins aux systèmes nerveux trop excités, aux passions fort exigeantes, aux besoins d'expansion sans cesse ardents, lesquels êtres féminins, mariés ou célibataires, sont prodigues de leur corps. Mariées, ces femmes pratiquent l'adultère à jet continu, pour la seule satisfaction des sens ; célibataires, elles s'épandent du mieux qu'elles peuvent, selon leur tempérament.

Cette catégorie pourrait être presque classée dans celle des adultères *sincères* ou des affections naturelles.

Viennent ensuite les accouplements

monstrueux de sexes similaires, vice re-
nouvelé de l'antique, et présentant, pa-
raît-il, de tels charmes, qu'il a pris en
vingt ans une extension aussi considérable que stupéfiante. La partie féminine de la société parisienne est principalement la grande coupable, en l'espèce,
si vivace a été l'accroissement de ses
principes lesbiens. Cythère ne fleurit
plus ; il se contente d'exister industriel-
lement. Les guirlandes de fleurs, appen-
dues naguère aux arbres de l'île ver-
doyante, parent maintenant les autels,
chaque jour plus nombreux de Lesbos,
et... sans doute cette métamorphose
de l'amour explique-t-elle sa complète
transformation commerciale. Dans le
monde du vice, la femme en est arrivée
à considérer le rapprochement des sexes
opposés comme une *monstruosité*, à la-

quelle il faut se soumettre pour vivre, et
dont elle se console à la mode lesbienne.
En de telles conditions, que devient
l'amour... à Paris? quelle transformation
ce mot a subi, et combien il a dévié de
sa véritable signification!

Les sens parlent seuls, désormais, et,
comme les paroles répétées fatiguent, en
un temps donné, il faut imager les dis-
cours, les imager sans cesse, et davantage chaque jour. D'où ces perversions
bizarres que nous signalions plus haut,
et, que certains chercheurs ont recueillies
précieusement pour l'édification de
quelques-uns.

Les hommes, avant que les femmes
leur donnassent l'exemple d'escapades
hors de Cythère, avaient fait maints
voyages à Gomorrhe; aujourd'hui, ces
excursions se renouvellent toujours, mais,

il faut avouer, à une certaine louange de notre sexe, qu'elle sont de beaucoup moins fréquentes.

L'amour de l'homme pour l'homme, sale monstruosité, constitue toujours l'exception, par rapport au nombre d'êtres masculins, quant au contraire on n'en peut hélas! dire autant de la femme... qui aime!

Il reste, en dernier lieu, une catégorie de personnages... masculins, êtres aux cerveaux assurément atrophiés en certaines cases, qui pratiquent l'amour à leur façon, de manière quelquefois bizarre, mais le plus souvent bestiale.

Ces individus souffrent d'aberrations du sens génésique et constituent une classe à étudier au point de vue pathologique.

*
**

Le vice s'étale à l'aise dans les différentes couches de la société parisienne
et s'y pratique, en apparence, de la même
façon. En vérité, les besoins ou les appétits, les mêmes dans toutes les classes,
se nuancent diversement, selon la qualité
des individus.

Les femmes du monde ne procèdent
nullement à la manière de celles de la
bourgeoisie, et ces dernières ne pratiquent point comme l'ouvrière ou la
femme de la dernière catégorie. Les
hommes varient également dans leurs ap-
titudes.

On peut donc, par ces différences
dans la méthode, traiter de l'amour, ou
du vice, plutôt par classes que par en-

semble, afin de mieux approprier les faits aux caractères des personnalités.

*
* *

Par quelle suite de circonstances, la femme du monde en est-elle venue à quitter l'amant pour l'amante ? Nous l'ignorons. Toujours est-il que nombreuses sont nos grandes dames, isolées dans le mariage, qui pèchent à Lesbos, de la plus galante façon.

Le mari a vu s'opérer ce changement sans grand souci ; allègrement plutôt, tellement il lui a paru aimable.

La grande dame préfère donc son « amie » à l'antique amant, et par dessus tout à l'époux, réduit au rôle de simple chaperon légal ; ce sont alors raffinements d'amour, tels et si bizarres, que l'idée de satisfaction masculine s'évanouit] entièrement dans les cervelles féminines imbues de cet étrange vice.

Il n'est pas de caprice qu'une grande dame, amoureuse à Lesbos, ne satisfasse en faveur de la « bonne amie » ; et combien son mépris pour le mâle s'en augmente !

Il est telle aimable personne que nous avons eu l'heur de connaître... passagèrement, une charmante vicomtesse, douée supérieurement au point de vue lesbien, nouvellement mariée à un jeune et galant homme... qu'elle écarte au plus loin.

Madame de X... dont la jeunesse a été quelque peu malchanceuse, s'est si bien retournée contre le sort, qu'elle a eu une série d'excellentes fortunes, les unes espagnoles, au plus près du Trône, les autres françaises, et, si éclectiques au point de vue politique, que le grand siège de France a été quasiment frôlé de sa robe, encore froissée d'étreintes par trop réactionnaires.

Eh bien ! de toutes ces « relations » estimables, Madame la vicomtesse de X... n'a retenu que le mépris de l'homme !

Mariée, par caprice... raisonné, elle estime l'époux à une valeur amicalement fiduciaire et s'épand, de toute joie, aux bras féminins d'une amie villageoise, si tant est que Montmorency puisse être considéré comme simple village.

Et, s'il nous a pris fantaisie de citer plus spécialement la vicomtesse de X.. entre les nombreuses grandes dames adonnées particulièrement au culte lesbien, c'est pour montrer, comme à l'école mutuelle, par un exemple, la façon générale d'opérer des lesbiennes du grand monde.

Madame la vicomtesse vit librement ;
son mari, amoureux d'elle, exceptionnelle-
ment, porte au loin ses soupirs et ses regrets. Qu'importe ?

Madame partage son existence entre
« l'amitié féminine, » le jeu, qui ne lui
est guère favorable, et des excursions
maritimes, qu'elle dirige crânement sur
un yacht à elle appartenant.

Son logis, est mystérieusement amoureux ; son yacht possède un ameublement
oriental, tout disposé pour les rêveries...
extatiques. Rue... on sent, en pénétrant
dans l'appartement, que la discrétion est
inscrite au tableau de service ; les domestiques, *femelles*, sont muettes. Elles in-
troduisent à la sourdine, par des voies à
clair-obscur, et se retirent sans bruit,
après avoir amené le visiteur en un réduit
aux décorations étrangement hybrides.

La vicomtesse arrive, aimablement déshabillée d'une blouse mal attachée; langoureusement elle s'abaisse sur un siège et cause, sans prétention... jusqu'à l'entrainement à la chambre... du repos.

Là, il semble que tout l'ameublement soit combiné de façon à bercer agréablement le cerveau... toujours féminin.

Grande, sans l'être trop, cette chambre paraît disposée naturellement pour les aspirations amoureuses et... les expansions trop euphoniques. Point de meuble inutile, mais par contre, rien ne manque s'il doit entrer dans la combinaison de la folie amoureuse.

Le lit, meuble tout indiqué, n'est autre qu'une conque admirablement confectionnée, semblant surnager mollement à la surface des eaux, et donnant, de prime abord, l'illusion du char de la déesse amoureuse. A sa vue, on cherche la belle Vénus, et, naturellement, le regard se reporte sur l'aimable amphitryon ;... on baisse les yeux !

Ce lit, toujours étrangement confectionné, remplit bien son rôle marin, le constructeur lui ayant donné une largeur si extraordinaire, qu'il semble devoir ne craindre aucun roulis.

— Dame, nous répondit l'aimable vicomtesse, à notre simple extase, devant une telle largeur, *il faut de la place !*

Inutile d'ajouter que la susdite conque... aquarium, est meublée de draps en satin blanc... pourquoi cette couleur ?... et d'une couchette extraordinairement moëlleuse.

Le reste de la chambre... d'amour est meublé de tentures en peluche vert tendre, de glaces aux réflexions judicieuse-

ment combinées, de surtouts gracieusement érotiques et d'un plafond préten-
tieusement amoureux.

Point de pendule ! Ne faut-il pas en
effet que le temps de l'amour s'écoule librement ? Etrange préoccupation de l'expansion... lesbienne.

Hors cette chambre et le réduit tout
d'abord décrit, nous n'avons pas à détailler le reste de l'appartement ; ce serait sortir de notre cadre.

Eh bien ! Le susdit ameublement, que
nous n'avons point détaillé dans un
simple et banal désir de description, n'est
autre que la résultante d'un caprice. Et,
s'il nous a convenu de nous appesantir
sur l'intérieur de la vicomtesse de X...,
c'est uniquement pour indiquer combien
la femme du monde est disposée à tout
sacrifier aux désirs de « l'amie » intime.

Celle de la vicomtesse, plus fortunée que son mari, avait désiré « éclore son amour » dans des formes ultra-poétiques ! La vicomtesse a invoqué la fable : d'où le lit en conque marine. « L'amie » était imbue d'idées artistiques : d'où le plafond, les tableaux du premier boudoir, les meubles curieusement érotiques. La « bonne compagne » avait parfois des désirs grivois : d'où le jeu de glaces... et le reste !

Au surplus, ce nous suffit, car, la forme changeant, le fond reste le même chez nos « belles et honnestes » mondaines... ferventes de Lesbos ; d'autres descriptions seraient inutiles.

*
* *

Mais, à certains jours, soit par caprice

passager, ou par exigence du moment, ladite grande dame doit se sacrifier avec une étrangère.

En ces instants, elle a alors recours à la bienveillance hospitalière d'honorables personnes, propriétaires d'appartements « meublés de jolies femmes. »

Il existe environ, à Paris, une quarantaine de ces appartements, tout spéciaux au culte de Lesbos, et uniquement ouverts aux seules dames du monde. Pour la plupart, ils sont semés dans les environs de la Madeleine ou de la Chaussée d'Antin.

Le modèle du genre est situé dans une rue voisine de l'église plus haut dénommée.

D'honnête apparence, possédant deux entrées parfaitement distinctes, elle a aussi double clientèle et voit à maintes

reprises s'arrêter à ses portes les équi-
pages, amenant Monsieur et Madame,
venus séparément, et entrant mystérieusement chacun par son huis particulier.

Madame va rejoindre des « amies » fort
aimables ; Monsieur vient converser avec
de galantes personnes. Ni l'un ni l'autre
ne s'inquiètent d'être séparés par une aussi
peu grande distance ; savent-ils même
que le hasard les a presque réunis en ce
lieu ? Peut-être, si tant est vraie la chronique rapportant le propos suivant, tenu
par un grand nom de France, à la directrice de cette maison :

— Eh bien ! n'avez-vous point vu ma
femme, cette semaine ?

La maison est discrètement tenue ;
nulle équipée tapageuse ne vient y jeter
un trouble défavorable. Madame ne répond jamais aux questions trop « curieu-

ses » et l'honorable société qui lui fait l'honneur de la visiter, la tient par ce fait en haute estime.

Cette maison est d'ordre particulier, en ce que bi·humanitaire, elle unit Lesbos à Cythère, sans compromission ni mélange profane ; par ce fait, elle n'a que de rares concurrentes, les établissements similaires étant d'un ordre nettement tranché. Le plus souvent, chacune a sa spécialité et ne la quitte guère.

Est-ce à croire que toutes ces gentes vicieuses aient dit adieu au sexe fort ? Heureusement non.

Les nobles descendantes des aimables grandes dames des XVIIe et XVIIIe siècles n'ont pas toutes abandonné les vieux errements ; d'aucunes même, très rares toutefois, aiment leur mari. Les autres se rattrapent sur l'amant.

Il est vrai que certaines, non contentes des deux, s'en vont glaner de par la ville, en quête de robustes appats et de satisfactions complètes.

Pour ces personnes avides, foule de maisons privées s'ouvrent mystérieusement, à la manière de celle dont nous parlions plus haut ; la seule différence en est dans l'ordre différent de plaisirs

Mais, encore une fois, cet esbat du vice n'est, relativement, qu'exceptionnel chez la mondaine ; elle préfère judicieusement ne se livrer à tous écarts qu'en toute sûreté, en son propre domicile, ou dans celui de la personne de son choix. Point d'esclandre ainsi, ou de craintes d'accidents inopinés... à moins que les bornes de la raison ne soient dépassées, ce qui arrive parfois.

Quant aux hommes, outre les satisfactions mystérieusement obtenues, ils
s'épandent dans les « immeubles » dénom-
més plus haut, en quête de plaisirs cotés
à la valeur de la somme offerte.

La quantité est grande desdits immeubles, mais de l'ensemble, émergent quelques donjons célèbres, plus spécialement
affectés à des classes particulières lesquel-
les, par un accord tacite, forment « cercle »
en un lieu de prédilection.

Et, puisque nous parlons de ces maisons, il nous suffira d'expliquer le méca-
nisme d'une d'entre elles pour les connaître toutes.

D'abord, le mot maison est par lui-
même impropre, quoique la coutume en
soit de l'employer ; c'est appartement

qu'il faudrait dire. Hormis les immeubles officiels de prostitution, dont nous ne parlons pas, lesdites « maisons » ne sont que des appartements.

D'ordinaire, la clientèle se recrute par le seul bruit public ; cependant ce ne suffit pas, surtout pour attirer l'étranger.

C'est alors qu'on peut lire dans certains journaux mondains l'annonce que telle galerie de tableaux anciens est à visiter, que des dentelles de haut prix sont à vendre, que certain elzévir serait à céder etc... Tout nouvel étranger, débarqué en un riche hôtel reçoit, des prospectus, sur velin, l'informant des mêmes offres de vente.

S'il se rend à l'adresse indiquée, il est reçu par une personne d'âge respectable, au maintien décent et fort élégant, laquelle dame sait d'un coup d'œil dévisager le nouveau venu. Si son aspect est favorable, on l'introduit, et on commence par lui montrer tableaux, dentelles ou livre, selon l'annonce, en l'alléchant progressivement par la vue de photographies de belles personnes, suffisamment décolletées.

A mesure qu'il mord à l'hameçon, le décolletage des photographies augmente, jusqu'à l'instant où la maîtresse de la maison, ou prétendue telle, entre subitement, fort élégamment attifée, très provoquante par l'allure et les parfums. L'étranger est prêt alors à être pêché ; il s'abandonne !

Mais, contrairement à ses prévisions, le plus souvent la dame en question n'en fait point de même, mais, caressante, la voix toute pleine de câlineries, persuasive à point, elle tire d'un meuble certain album et le montre à l'hôte.

C'est le livre des objets de vente, que l'étranger est invité à consulter. Là, s'étalent en pleine nudité, dans les poses ou les accouplements les plus étranges, de superbes femmes, auxquelles l'amphitryonne donne un nom, le plus souvent très sonore aux oreilles stupéfaites de l'hôte.

Etourdi, plus qu'alléché, il perd la tête, désire la possession de l'une de ces grandes dames, et... vide préalablement sa bourse. On le prend alors mystérieusement par la main, on le conduit en un réduit plein d'odorantes senteurs, et quelques jeunes et jolies femmes, aux toilettes charmantes lui sont présentées... à défaut des originaux des photographies.

Cette façon d'opérer a seulement lieu pour l'étranger, ou certains naïfs ; la clientèle entre purement et simplement.

2·

et, va droit au salon où les « invitées »
prennent le thé ou jouent du piano.

Mais, sous couleur d'amorcer, elle peut
produire de cruelles mésaventures ou jeter l'épouvante dans le cœur d'un visiteur,
en outre de la défaveur qui en rejaillit sur
les « modèles », inventés à la façon qu'on
va voir.

Un jour, un galant homme désireux
d'étudier l'une de ces maisons, et recom-
mandé à la directrice, vint et fut reçu
sans plus de façons, c'est-à-dire qu'on lui
montra de suite le fameux album.

Le visiteur le feuilletait curieusement,
quand soudain il pâlit : il venait de reconnaître sa femme, dans l'un des modèles le plus outrageusement posés.

Pendant quelques secondes, il se sentit défaillir, mais, la réaction s'opérant
aussitôt, il fut pris d'une rage folle, et,

sautant à la gorge de « l'aimable » amphitryon, il somma cette dernière de lui
dire la vérité.

La directrice avoua alors que pour al-
lécher la clientèle de passage, on avait
trouvé le « coup » de l'album, c'est-à-dire
l'adjonction d'une tête de femme du
monde à un corps quelconque. Le pro-
cédé était simple ; il suffisait de se procurer des photographies de dames connues, de les donner à un photographe qui
découpait les têtes, les collait sur les corps
de femmes nues, aux positions étudiées,
et rephotographiait le tout.

*
* *

Dans ces maisons, que fréquente la
seule société riche, un médecin est toujours attaché à l'établissement ; il est res-

ponsable de la bonne santé des dames, souvent nouvelles.

*
* *

En outre des industrielles quasi patentées signalées que dessus, certaines horizontales du plus haut parage ont « chambres meublées » en leurs hôtels, et tirent de la « location » passagère de ces chambres d'honorables bénéfices.

Parfois, la préfecture de police, plus tolérante pour les maisons avouées, s'avise de pourchasser les horizontales du genre que nous indiquons ; mais, aussi il arrive à dame police de se heurter à partie plus fine et retorse qu'elle.

C'est ainsi qu'un jour, un commissaire de police, chargé de surprendre l'hôtel d'une « dame » de marque, habitant une

avenue aristocratique, mitoyenne aux
Champs-Elysées, se présenta inopinément... mais trop tard.

L'hôtel ayant deux entrées opposées, et
l'horizontale avertie sans doute, les pi-
geons amoureux s'étaient éclipsés.

Le magistrat résolut, néanmoins, de tirer parti de sa visite par un état du mo-
bilier, à défaut d'une constatation en flagrant délit, et inventoria.

A première vue, il rencontra une collection si variée de lits qu'il s'arrêta, satisfait, croyant trouver en cette quantité de lits la preuve qu'il était venu
chercher. Mais, quelle loi interdit en
France la possession de lits, en nombre
même extraordinaire? Ceux de l'horizontale n'étaient point défaits, leurs couvertures de satin noir n'avaient pas le moindre pli, et quoique le commissaire trouvât

autant de lits qu'il voyait de pièces, il n'en pouvait que s'esbaudir.

Néanmoins, il voulut s'effaroucher et prouver à la dame que l'accusation portée contre elle était suffisamment justifiée par ce nombre inusité de lits, et hors de proportions pour une personne, habitant quasi seule, dans cet hôtel.

— Bah! monsieur le commissaire, répondit l'aimable personne, votre argumentation, si logique et serrée qu'elle soit, en apparence, ne peut prévaloir dans la réalité. Ces lits sont couchettes de repos, à ma seule intention. Cela vous paraît bizarre, mais, puisque vous devez insérer mes observations sur votre procès-verbal, veuillez inscrire que j'ai des goûts en dehors du commun et que ma principale passion consiste dans l'accumulation des lits. Chaque jour, que dis-je, à tout instant, je change de lit, et passe indistinctement, pour me reposer, de la salle à manger au boudoir, du salon à la bibliothèque. Je n'ai point d'autres explications à vous fournir, celle-ci me paraissant suffisante.

Le commissaire de police dut en effet se contenter de ce genre de défense, et, sortir de l'hôtel sans avoir pu dresser la contravention.

*
* *

Les hommes de la classe mondaine ne bornent pas leurs désirs à la seule satisfaction des sens... brutaux ; il en est une, d'ordre moins matériel,... du genre visuel, qui a le don de les attirer.

Aussi, certaines matrones, quelques tailleurs, d'aucuns directeurs d'établissements de bains ont-ils résolu le problème de contenter ce genre de clientèle, en la faisant assister, en des cabinets noirs, et par des trous lenticulaires, aux ébats d'un couple, à l'essayage d'une robe ou d'un corset appliqués sur la femme entièrement nue, à l'entrée au bain d'une pudique grande dame.

Ce genre de distraction se paye d'autant plus cher que « l'objet étudié » sait toujours qu'on l'examine et combine ses poses en raison du prix qu'on lui donne.

Dans notre chapitre des pédérastes, nous donnerons la description « possible » d'une de ces maisons « de refuge » visitée à l'*improviste*, par la police, il y a quelques jours à peine.

A citer également certaine grande modiste, aux salons mystérieux, dans lesquels ses clientes, de haute aristocratie, variant leurs occupations, passent de l'essayage d'un chapeau à une tendre conversation avec de hauts gentlemen ;

Et un établissement de bains, voisin d'un cercle artistique, maison dont les cabines reçoivent la visite de couples de haute lice.

*
* *

En outre de la femme, l'homme du monde possède, en matière de vice, des « qualités » inconnues aux classes secondaires et dernières, qualités qui le rendent fort exigeant.

Aussi, les maisons qu'il fréquente sont-elles toujours achalandées au mieux et doivent-elles renouveler fréquemment leur marchandise, défraîchie rapidement.

Le besoin de satisfaire amplement, et « de toutes façons », une clientèle riche et payant largement, joint à l'obligation de rajeunir sans cesse le personnel d'amusement, a donné lieu à une industrie fort curieuse, mais peu connue et nullement inscrite à l'almanach des vingt et plusieurs mille adresses.

Nous voulons parler de l'industrie de *l'essayeur*, dont seul est responsable l'homme du monde, de par ses volontés et ses désirs exagérés.

Celui-ci n'aimant point à professer, et, désireux au contraire de rencontrer une élève bien éduquée, il faut « apprendre le métier » à toute nouvelle recrue, toujours jeune et fort ignorante en « l'art d'aimer un homme du monde. »

La besogne est délicate ; il ne faut pas moins que toute la sagacité et l'expérience

de la matrone pour la bien diriger, car
alors, l'*essayeur* entre en jeu.

Celui-ci, gas bien rablé, jeune et de la
meilleure santé, devient, à cet instant, un
instrument aux mains de la Matrone, qui
le manie de toutes les manières, à l'usage
de la nouvelle venue.

Ces leçons, *in anima vili*, se poursuivent
jusqu'à ce que la jeune personne possède
parfaitement son art.

On comprend qu'à ce métier, l'industriel, répondant au nom d'*essayeur*, ne
tarde pas à devenir fourbu. Malgré les
viandes saignantes dont on le nourrit, et
le bordeaux qu'il boit, il lui faut abandonner la place, après un temps qu'on
estime, en moyenne, à dix-huit mois.

Ces considérations d'ordre général sur
l'amour dans le grand monde achevées,
nous allons passer au vice d'ordre intime,

en le détaillant purement et simplement
par la série suivante d'histoires, absolument authentiques, comme du reste le
sont tous les exemples cités au courant de
cet ouvrage.

Certaine marquise, vouée à l'amour féminin, éprouvait une passion des plus
déréglées pour Mademoiselle X... ; l'affection intime des deux gentes personnes
était connue de tous, et de toutes aussi.
La marquise était mariée ; Mademoiselle X... avait cru pouvoir prendre amants,
par distractions passagères, sans que cela
pût amoindrir sa principale affection.

Or, il advint que le dernier, à l'époque
où cette histoire eut lieu, était un jeune
homme pas très riche, mais personnage
politique, accrédité de très près aux mi-

nistères, et par-dessus tout amoureux fou de la demoiselle.

Un jour, la marquise étant venue visiter sa bonne amie, en son domicile, eut une étrange idée, au cours de ses expansions « amicales. »

Les concierges de la maison habitée par Mademoiselle X... avaient une petite fille, gracieuse enfant que la marquise remarquait étrangement, à chacune de ses visites.

Elle invita l'amie à mander la petite auprès d'elle.

Mademoiselle X... enchantée de l'idée, n'eut garde de refuser, et, sous un prétexte, envoya chercher l'enfant qui vint aussitôt.

La marquise, la couvant du regard, s'en vint caresser de la main sa gentille figure et jouer avec les boucles soyeuses de sa chevelure ; la petite fille n'avait garde de comprendre. Mais, bientôt elle s'étonna du léger appareil des deux femmes, et aussi, du changement dans les caresses que lui faisait la marquise. Elle prit peur et se recula.

Mademoiselle X..., toute câline, essaya de rassurer l'enfant, et s'employa du mieux à la persuader de son bonheur! La petite fille demeurait toujours effrayée et récalcitrante.

Les deux femmes, prises alors d'un étrange délire, se précipitèrent sur elle, et, féroces d'amour, ivres de sensualité, la jetèrent sur un sofa, la dépouillèrent de ses vêtements, et,... violèrent littéralement la pauvre petite, à l'aide du manche d'une ombrelle, trouvée par hasard à portée de leurs mains!

Cet accès hybride d'érotisme terminé,

il fallut bien rendre l'enfant à ses parents ; ce cas était grave et valait la peine qu'on s'en occupât.

La marquise, épouvantée, considérait, en se rajustant, la petite fille toute sanglotante, lui offrant bonbons et argent pour qu'elle ne dénonçât pas l'odieux attentat ; peines inutiles, l'enfant voulait sortir.

Mademoiselle X... se dévoua.

Elle retint la petite concierge jusqu'à ce que la marquise eût pu s'échapper de la maison, ne la rendit au père qu'après s'être assurée qu'on ne pouvait rejoindre son « amie », et attendit, paisiblement, les suites de l'attentat, en prenant pour elle seule toute la responsabilité.

La demoiselle n'eut pas à s'impatienter ; quelques heures après, la préfecture de police lui offrait un logis à St-Lazare.

Mais l'amant apprit tôt l'affaire, et plus

amoureux que jamais, s'employa à l'étouffer; il parvint à obtenir du concierge promesse de désistement... contre le versement d'une somme de cinquante mille francs. C'était parfait; mais comment se procurer cet argent?

En quelques jours, néanmoins, grâce à une transformation... habile dans des écritures publiques, il était possesseur de la somme. Maître du désistement, il courait ivre de joie, à Saint-Lazare, en faire sortir sa maîtresse.

Mademoiselle X... remise en liberté, remercia avec effusion son amant... sans lui avouer que, de son côté, elle avait obtenu de la marquise, et gardé précieusement, les fameux cinquante mille francs, joints à cent autre mille, réclamés à l'oreille, pour assumer, sur une seule tête, le viol de la petite fille.

L'amant, tout à son bonheur, ne pouvait avoir de tels soupçons ; il s'enfuit en
compagnie de Mademoiselle X... tant et
si loin que depuis son « habileté », en ma-
tières d'écritures publiques, il n'a plus été
retrouvé.

Ajoutons, pour rester dans le domaine
de la vérité, que ladite demoiselle ne s'est
point laissée entraîner à d'aussi grandes
distances ; elle s'est paisiblement arrêtée
en un village voisin de Paris, et y vit,
l'esprit en repos, du revenu, très bien
placé, de ses cent cinquante mille francs.

Nous ignorons si la marquise lui rend
encore visite.

*
* *

Comme trait de mœurs féminines et
des avantages qu'en peut tirer un « ha-

bile » homme, voici l'histoire, fort simple,
d'un mariage.

Madame Z... artiste d'un grand nom,
et veuve, était fort connue pour ses pratiques à la mode lesbienne ; mais, par-
dessus tout, fort riche, elle se préoccu-
pait assez peu des critiques à ce sujet.

Un jour, le temps n'est point éloigné,
un noble exotique, un peu sur le retour
mais frais réparé de visage, entra brusquement chez l'artiste... et surprit sa fille,
à lui, en conversation très intime avec la
veuve.

L'exotique sourit... et se retira discrètement, dans la chambre voisine, y attendre la venue de madame Z... un peu
effarouchée, malgré son aplomb ordinaire.

Il fallait une explication, mieux valait

en terminer plus tôt; l'artiste arriva donc, un peu troublée et gênée. Aux premiers mots, elle comprit de quel genre serait l'explication.

— Ah! fit-elle, tu pourrais...

— Je sais combien tu te places au dessus des conventions mondaines, mais, en l'espèce, le cas est différent.., ma fille est encore mineure... et, tu as un nom tel qu'il t'importe ne ne pas le voir... souillé par une condamnation.

La dame réfléchit, comprit combien l'exotique avait raison, et souriante, relevant la tête :

— Parle, alors! dit-elle simplement.

— Marions-nous... ma fille devient la tienne! Tu la doteras de façon convenable... en ma personne, par un sérieux contrat.

L'artiste accepta, et voici comment

s'est accompli récemment un mariage...
d'amour , disaient les gazettes mondaines.

*
* *

L'histoire que nous allons dire paraî-
tra quelque peu fantastique.

Un littérateur fort distingué, et, au talent particulièrement goûté des dames,
avait enfin obtenu de la comtesse de Y...
qu'il courtisait depuis plusieurs jours la
permission de la venir entretenir quelques instants, en son coupé. Il vint à
l'heure fixée, et demeura un peu désap-
pointé : la comtesse n'était pas seule, une
amie intime, la marquise de X... l'accompagnait.

Contre fortune, le littérateur fit néanmoins bon cœur ; il monta dans la voiture

où la maîtresse désirée lui indiquait sa place.

Il faisait nuit ; on se promena au bois et on flirta du mieux qu'on put jusqu'à l'instant où la marquise proposa de venir souper, en son hôtel, à Auteuil.

La comtesse de Y... et le littérateur acceptèrent.

L'hôtel était éclairé ; le personnel semblait attendre, en entier, la rentrée de la marquise. On passa au salon, où... le littérateur demeura assez désagréablement surpris d'être présenté au marquis !

Au surplus, ce dernier, en galant homme, trouva parfaite l'invitation de la marquise et se dirigea aussitôt vers la salle à manger, où l'invité constata que le couvert, tout dressé, l'était pour quatre convives.

Les dames, cependant, n'avaient pas

suivi les hommes. Malgré leur absence,
le marquis désigna un siège au littérateur, se mit à table, et, le souper étant
froid et les plats tout disposés à portée
de la main, servit lui-même, en l'absence
de tout domestique.

Le littérateur, assez gêné, mangea...
pour se donner une contenance !

Mais, quelle ne fut pas sa surprise, de
voir bientôt apparaître, très court vêtues,
la comtesse et la marquise, qui, en la
présence des deux hommes, se donnèrent
des marques de haute amitié !

L'hôte, très abasourdi, mangea davantage encore, toujours pour se donner une contenance,... et se retira, peu
après, avec la comtesse, pendant que la
marquise demeurait seule en compagnie
de son mari,... fort satisfait !

*
* *

Passons maintenant à une historiette d'ordre plus naturel.

Un général, marié à une femme beaucoup plus jeune que lui, vit, en rentrant assez tard au domicile conjugal, de la lumière dans la chambre de la générale.

Il supposa qu'un voleur s'était introduit dans la maison, et vint, contre ses habitudes ordinaires, frapper à la porte du gynécée.

Cette arrivée impromptue parut causer quelque trouble à l'intérieur de ladite chambre ; le général entendit un bruit sourd, suivi presque aussitôt de la venue de madame, très émue, mais semblant sortir d'un profond sommeil.

L'officier exposa le but de sa visite,

mais fort mal; la dame n'entendit guère
ses explications, et en demeura très mar-
rie. Néanmoins, l'époux n'eut garde, par
grâce d'état, de rien comprendre à la
chose, et se retira satisfait, après courtes
observations sur l'impudence des voleurs.

Pendant ce temps, un homme, vêtu
d'un simple et trop modeste caleçon,
avait sauté par la fenêtre, heureusement
peu élevée, dans le jardin, s'enfuyait, et se
venait heurter à une sentinelle qui, d'abord
l'arrêtait, et ensuite .. reconnaissait l'officier d'ordonnance du général !...

L'aveuglement des maris est tel que
jamais celui dont nous parlons n'aurait
deviné son malheur, la sentinelle ayant
eu l'intelligence de laisser libre l'officier,
si la générale, perdant la tête, ne s'était
enfuie, le lendemain avec son amant.

C'est ainsi que parfois, un apeurement

intempestif détruit l'union d'un ménage.

Nous ne savons comment le général a pris son malheur, au point de vue philosophique.

*
* *

Il est tel grand seigneur, un nom d'antique souche, qui désespéré de ne le pouvoir transmettre en mâle personne, trouva un moyen de « sauver les apparences. »

Sa femme, d'honnêteté absolue, se désolait, par sentiment féminin, de n'être point mère ; le mari éprouvait une pareille désolation, pour la raison expliquée plus haut.

Cette situation était si intolérable à l'orgueil du gentilhomme qu'il s'avisa d'un moyen simple pour y obvier.

Parmi les hôtes de sa maison, il s'en

trouvait un, nouvel arrivé, d'origine exotique, mâle plantureux au sang nettement viril, à en juger par la rubescence générale de l'individu.

Le grand seigneur, avisé en l'espèce, et prudent en l'application, choisit certain jour que sa femme, alitée par un malaise passager, gardait ainsi la chambre, et, sans l'informer de quoi que ce fût, invita à déjeuner le personnage étranger.

Le repas fut plantureux, trop même, et si bien arrosé de vins énergiques que l'hôte y perdit tout son jugement.

Quand le maître de céans l'eut jugé « mis au point » il l'entraîna dans la chambre conjugale, l'y poussa et le laissa seul, en compagnie de l'épouse !

Quelques heures après, l'étranger sortait, égaré, de l'hôtel ; la malheureuse femme était folle !

Mais, neuf mois après, le grand seigneur devenait possesseur d'un héritier mâle de superbe apparence !

Le nom, aux souches antiques, ne séchait pas sur son dernier tronc, tout pourri !

*
* *

'A propos d'enfant, héritant inopinément d'un grand nom, il nous est revenu l'histoire suivante.

Un charbonnier, du faubourg Saint-Germain, se coucha un certain soir, le cœur plein d'une immense joie : sa femme venait de le rendre héritier d'un beau garçon, que les poussières noirâtres de la boutique n'avaient encore pu noircir.

Le lendemain matin, à l'aube, l'heureux père courut au berceau de son fils, pour contempler son rejeton, et trouva... un petit nègre !

Une seconde, il put croire être le jouet d'un songe, et attribuer cette couleur par trop brune à un afflux de poussière charbonnière ; mais, hélas ! il eut beau frotter la peau du rejeton : celui-ci demeura nègre, comme par devant.

Jamais le malheureux père ne put deviner les causes de cette transformation surnaturelle. Mais, des philosophes d'ordre spécial, — il s'en trouve, — avisés du fait et curieux d'en étudier le phénomène, apprirent que mitoyennement au charbonnier, un couple seigneurial avait eu l'heur d'hériter d'un rejeton, au même moment que le ménage charbonnier.

Seulement, dans la domesticité du dit couple seigneurial, se trouvait un nègre !

On ne saurait trop admirer la pré-
voyance de la nature, qui, pour les besoins d'une cause juste, apparemment,
avait amené un charbonnier à proximité
de ce couple de haute noblesse, tout prêt
à recevoir le négrillon, bien doué quant à
la peau pour remplir l'office de marchand
de charbons !

Le maître charbonnier, de par son enfant, a opéré, sans le savoir, la véritable
fusion des classes.

*\
* *

Parfois, la substitution de sexe a simplement lieu par un moyen fictif : la
fausse déclaration.

Une charmante dame, maîtresse d'un
jeune homme appartenant au plus grand

monde, accoucha d'une fille, en l'absence de son amant.

Le lendemain, celui-ci était avisé de la naissance d'un fils, et, à l'appui de ce dire, on lui montra l'acte de naissance de l'enfant ; en effet, celui-ci avait été déclaré comme étant du sexe masculin, à la mairie du VIIIᵉ arrondissement, par la sage-femme accoucheuse.

Le bébé partit dans le Loiret, où sa nourrice, avisée de la possession d'un garçon, se trouva très étonnée d'apercevoir une fille. Les papiers d'état-civil étaient cependant fort réguliers, il n'y avait pas eu de substitution matérielle ; la fraude artificielle existait seule, ce qu'on constata bientôt, par une enquête, à la suite de la déclaration de la nourrice.

Ce fut M. Macé, l'ex et très habile chef de la sûreté, qui parvint à débrouiller tous les fils de cette curieuse affaire et à établir que l'amant, tout heureux d'hériter d'un enfant mâle, était disposé à épouser sa maîtresse, au contraire de ce qu'il aurait fait, en cas de naissance d'une fille.

La nature est parfois injuste pour les pauvres mères de famille.

*
* *

Il y a telles gens, que l'amour-propre pique au point d'éprouver d'immodérés désirs de posséder, quelques instants même, la maîtresse d'un grand seigneur.

Nous connaissons tel manufacturier, homme d'esprit cependant et politicien habile autant qu'économiste distingué, que les lauriers amoureux d'une altesse... de Gérolstein empêchaient de dormir.

La susdite maîtresse, une marquise de haute volée, était appétissante de nature, mais plus belle encore aux yeux du manufacturier par ses accointances quasi princières. Il la voulut posséder à tout prix, et paya cher, cinquante mille francs, dit la chronique, sa possession de quelques heures de nuit.

Mais, avant d'obtenir une telle satisfaction, il fallait habilement louvoyer pour ne pas éveiller l'ombrageuse défiance de l'altesse.

Une occasion unique s'offrit, avec ce double attrait d'une opération politique habilement combinée. L'altesse possédait un cousin, de hiérarchie plus élevée.

Il reçut avis, subitement, d'avoir à se rendre auprès de lui, hors la frontière de Gérolstein, pour une communication importante. La dépêche l'avisant de la sorte, habilement confectionnée pour les besoins de la cause, et transmise sous le couvert gouvernemental — avons-nous oublié de dire que notre manufacturier était possesseur d'un haut emploi dans le pays de Gérolstein? — trompa l'altesse qui franchit les mers.

Le cousin fut tres satisfait d'une visite à laquelle il ne s'attendait pas, mais en manifesta son étonnement, au moins égal à la stupéfaction de l'altesse, dérangée par surprise. Une explication s'en suivit, à la suite de laquelle, le grand seigneur, si inopinément mis en mouvement, reprit aussitôt les voies les plus rapides pour revenir en ses pénates.

Il était trop tard !

En ce laps de temps, toutes les grâces de la marquise... la maîtresse de l'altesse, s'étaient étalées aux yeux du manufacturier, heureux vainqueur,... de par ses cinquante mille francs.

La politique mène à tout.

***

Parfois, les cascades d'une haulte maîtresse de maison avec un membre de sa domesticité peuvent lui procurer de désagréables impressions. L'histoire suivante est une triste preuve.

Madame de Z... avait eu quelques regards langoureux pour un de ses valets de pied ; l'heureux coquin s'en prévalut tant et si bien, qu'à la fin il abusa de la situation et mit Madame de Z... dans la pénible obligation de le renvoyer.

Mais le drôle se rebiffa, réclamant des gages extraordinaires, et les estimant à trois mille francs.

La grande dame refusant de souscrire à une telle exigence, le gaillard
protesta de ses « droits », ne voulut
point quitter la place et menaça tant
et si bien de scandale Madame de Z...
que celle-ci crut devoir aller consulter le
commissaire de police de son quar -
tier.

Le magistrat manda le valet récalcitrant, le menaça de toutes les foudres judiciaires et en obtint... l'assurance qu'il
persévérerait dans sa conduite, à ses risques et périls.

Le cas étant délicat, la dame craignant
que l'écho de ses fredaines ne vînt aux
oreilles du mari, se résigna à donner les
trois mille francs.

Hélas! la comédie n'était point finie. Le
larbin, enchanté des douceurs de la place,
accepta l'argent, et... exprima le désir,

sérieux, de rester le fidèle serviteur de Madame de Z...!

Que faire en pareille occurence? s'incliner.

C'est à cette dure nécessité que se résolut la pauvre pécheresse.

Peut-être Monsieur de Z... est-il satisfait de ne point être séparé d'un domestique aux services aussi empressés que délicats.

⁂

Oyez maintenant l'histoire d'un supplément de décoration et d'une actrice... autrefois très belle et des plus galantes.

Certain directeur de théâtre, à la boutonnière fleurie, la désirait ornée d'un bouton plus épanoui.

Or, à ce moment, un haut personnage

politique, rencontrant par hasard l'actrice sus-nommée, eut pour elle un caprice passager. L'aimable personne y accéda, fort joyeuse, et insinua d'obtenir, à titre de récompense, son admission dans le théâtre du susdit directeur.

Le haut personnage glissa deux mots de la proposition à celui-ci qui, trouvant l'occasion excellente d'obtenir enfin son supplément de décoration, engagea aussitôt l'actrice, au grand étonnement du monde théâtral. Mais, à son tour, il insinua en haut lieu qu'on le pouvait récompenser de cet acte courtois, à la façon qu'il désirait.

Arriva enfin l'époque des promotions ; le directeur avait été oublié, le haut personnage n'ayant eu cure de le proposer, par ce motif, ou la mémoire lui ayant fait défaut ?...

Le côté drôle de cette affaire fut la réponse du ministre compétent, quand on présenta à sa signature le brevet tout préparé, depuis longtemps.

— La... plaque du « Livre rouge » à X... exclama-t-il ;... jamais !... Quand on engage Mademoiselle... en un tel théâtre, on ne mérite pas cette distinction !

Il refusa de signer.

A quelques jours de là, le directeur, vexé, se plaignit amèrement au haut personnage qui résolut alors de remplir sa promesse ; et, comme il était un peu tard, il fallut remettre à une autre promotion l'obtention de la faveur si recherchée.

Depuis, ironie du sort, l'actrice en question a quitté ce théâtre.

*
* *

Ce n'est point une histoire inventée à plaisir que celle du chloroforme, employé en maintes circonstances, pour vaincre des résistances plus ou moins appréhendées.

Voici un récit, de modèle général, suffisant à édifier sur le cas.

Une jeune Badoise, âgée de treize ans, amenée à Paris par les soins d'une agence Tricoche, trouva à la gare une femme qui l'attendait.

La jeune fille, confiante, écouta les explications de cette personne inconnue, envoyée par ses maîtres, disait-elle, et se laissa conduire jusqu'en une habitation avoisinant les Champs-Elysées.

La femme l'installa, lui assurant qu'elle

n'avait pour l'instant aucun travail à accomplir et la laissa en sa chambre.

Le lendemain, la nouvelle servante trouva, en lieu et place de ses vêtements, un élégant costume ; ignorante de la vie et confiante dans les conseils de la femme, survenue à cet instant, elle les revêtit.

Pendant huit jours, au lieu de travailler, la pseudo-servante fut promenée par son trucheman femelle, conduite chaque matin au bain, habillée de toilettes toujours différentes, et... préparée moralement à ne pas craindre les hommes.

Enfin, un soir, elle se vit conduire en une habitation de haut parage, installer à une table largement servie, et présenter à un étranger qui l'invita gracieusement à souper en sa compagnie.

La jeune fille demeura seule avec lui, mangea, but, causa, sans que l'étranger fût autre chose que prévenant, et... s'endormit subitement, sous l'effet d'un soporifique.

Le lendemain, la Badoise se trouva seule, pas longtemps cependant, sa conductrice étant venue la chercher au plus tôt.

Pendant plusieurs semaines, cette manœuvre se renouvela, en différentes maisons, jusqu'à ce que la jeune fille, ne présentant plus le même degré d'affriolence, fût abandonnée par son chaperon femelle qui la perdit simplement un coin d'un carrefour.

Arrêtée pour vagabondage, après quelque temps à errer, sans pouvoir s'expliquer suffisamment en français, elle fut renvoyée en son pays, après toutefois avoir raconté, par moyen d'interprète, son étrange odyssée.

*
* *

Les dames, amoureuses des puissantes musculatures et ferventes admiratrices des lutteurs forains et autres banquistes, ne sont pas aussi rares qu'on pourrait le croire. Il n'en est, pour exemple, que la vogue obtenue par certaines baraques, à la foire de Neuilly, envahies chaque soir par l'élément féminin de haute volée.

A ce sujet, racontons une piquante aventure arrivée à une dame très aristocratique.

Celle-ci, attendant un ami, en un boulevard écarté du centre parisien, et venue en simple fiacre, était descendue de voiture et trottinait sur place pour calmer l'ennui d'une pose un peu longue. A quelques pas d'elle, un faiseur de tours opérait au milieu d'un cercle ; la dame s'approcha, curieusement, sans trop examiner l'homme, et jeta une pièce de cinq centimes, au moment de la quête.

Le bateleur s'arrêta à l'instant, fixa la dame quelques secondes, mit le pied sur la pièce de billon, la repoussa dédaigneusement et continua sa route, en haussant les épaules.

La dame rougit et sortit vivement du cercle ; elle avait reconnu dans l'acrobate un amant de passage, objet de curiosité pour quelques heures d'amour.

*
* *

Le chantage, plus spécial aux autres classes de la société, surtout à la moyenne, est relativement très peu pratiqué par les gens du monde.

Nous n'aurons à citer, et à titre bien exceptionnel, qu'une double mésaventure de certaine grande dame, à propos de lettres d'amour dont on voulait lui faire payer trop cher la restitution.

Les deux chanteurs en furent, du reste, pour leurs frais, sans préjudice d'inconvénients plus ou moins désagréables.

Il arriva au premier la surprise d'une incarcération inopinée, sous un fallacieux prétexte... décoratif ; l'espace de deux heures, on le retint sous les verroux d'un poste de police, le temps de fouiller à à l'aise dans ses papiers. Les lettres reprises, le prisonnier fut remis en liberté.

La deuxième opération, au préjudice de la même dame, fut opérée par... appelons-le X... qui se rendit subrepticement possesseur d'une correspondance échangée entre ladite personne et... un grand seigneur étranger.

La grande dame ne voulut voir dans cet agissement de X... qu'un acte de folie et... pardonna. Mais pour rentrer en possession des lettres, on dut prendre à l'égard de X... des mesures très extraordinaires, quoique légales, qui ont fortement provoqué l'attention publique.

*
* *

Nous ne pouvons mieux clore cette série d'historiettes qu'en publiant la partie de la correspondance d'une hystérique du grand monde, pauvre femme amourachée du trop fameux Pranzini, avec qui elle a correspondu de la façon suivante.

Monsieur,

« Votre lettre ne laisse pas que de m'é-
tonner beaucoup, bien que vous soyez
étranger, — ce que m'indiquent votre
nom et votre style, — il me paraît singulier que vous ignoriez qu'une femme du
monde, de quelque nationalité qu'elle
soit, n'accepte pas d'un inconnu une...
causerie dans un passage.

« Vous ne connaissez, il est vrai, rien
de ma position sociale, mais il eût été prudent, à tout hasard, d'user de plus de réserve et de formes...

« Ignorant mon nom, que le bizarre
début de nos relations ne me permet pas
de vous faire connaître, vous n'avez pas
la facilité de vous faire présenter.

« Je vous fournirai l'occasion de le faire
vous-même.

« Je passerai une heure au cercle, place Vendôme, vendredi, à trois heures. J'irai m'asseoir dans le salon de conversation. Venez à moi. Je vous accueillerai comme une ancienne connaissance, malgré le très vague de nos souvenirs, et cette situation sera maintenue ou non, selon notre entretien.

« A vendredi, donc. »

Après ce flirtage caractéristique, la grande dame s'émancipe. Elle a eu avec Pranzini une entrevue dans laquelle il a très probablement fait valoir victorieusement les moyens de séduction dont la nature l'a pourvu et on lui écrit : »

Cher... monsieur,

« Les heures agréables et douces de la journée d'hier m'ont pourtant laissé une tristesse ! En vous quittant j'ai eu comme une prescience d'adieu et senti planer dans l'air un désenchantement. Est-ce vous qu'il a atteint ?

« Cette entrevue qui devait fixer nos appréciations respectives, qu'a-t-elle mis en votre esprit? J'ai besoin que vous me le disiez, pour que mes hésitations ne cèdent pas à l'élan qu'elles paralysent. J'ai besoin de vous croire pour que mes lèvres ne disent pas « non » si mon cœur voulait dire « oui ».

JE NE VOUDRAIS PAS REFUSER DE VOUS RECEVOIR, PUISQU'EN CE REFUS VOUS VOYEZ UNE DÉFIANCE BLESSANTE. »

Et puis la malheureuse s'en va, à la dérive d'un sentimatalisme insensé. Elle prend son papier parfumé et écrit sans voir, sans songer à autre chose qu'à ce

phénomène de foire qui pour elle est
l'idéal :

« Je ne vois aucun inconvénient à vous
recevoir. Je n'ai nullement l'intention de
poser en sphinx. Je suis simplement une
honnête femme, très déçue dans la vie,
très blasée sur les plaisirs mondains et
qui s'ennuie de cet ennui profond, presque incurable, dans lequel sombrent les
meilleures choses.

« Un auteur a dit : *Toute femme a dans
sa vie une heure de faiblesse*. La mienne
sonnait peut-être le jour où je vous ai
rencontré, et voilà pourquoi, sans doute,
votre recherche n'a pas eu le même sort
que beaucoup d'autres qui l'avaient pré-
cédée.

« Je vous verrai, lundi, devant la galerie de la Madeleine, quelques instants

seulement pour vous serrer amicalement la main et vous dire les conditions que je mets à votre visite, que vous pourrez alors me faire quand il vous fera plaisir. »

Enfin, à quelques jours de cette épître, la grande dame, désireuse de rentrer en possession d'une correspondance aussi compromettante, comme le prouvent les échantillons ci-dessus, écrit une dernière fois.

« En France, en matière d'amour, les femmes commandent, les hommes s'inclinent.

« Mais... *Voyons, ne nous fâchons pas.*

« Je rentre mes griffes. Voici mon dernier mot : remettez-moi mes lettres, et, après cet acte de soumission délicate, j'aurai le plaisir de vous revoir.

« Ne m'en voulez pas de cette exigence ;
placez-la en face de cette vérité : que je
ne vous connais pas et qu'elle m'est im-
posée par ma situation sociale et fami-
liale. »

Pranzini, en assassinant Mme de Mon-
tille et ses deux servantes, arrêta net cette
idylle.

II

LE MONDE MOYEN

Les classes moyennes, celles composant la grande majorité dans la population parisienne, pratiquent l'amour en des conditions plus simples.

Moins raffinés ou plus naturels dans leurs goûts que les gens du monde, les Parisiens des classes moyennes ne sont point assujétis à des dépenses trop élevées ; le luxe de leur amour est moins criard. Mais aussi, hommes ou femmes

pratiquent avec moins de mystère ; dans
ces classes commence le rapport de la
prostitution pour la femme, soit pour son
existence, soit pour son luxe.

Aussi, sont-ils multiples les moyens
de satisfaction offerts à l'homme, et, sa
luxure trouve-t-elle à s'ébattre largement.
Innombrables sont pour lui les lieux de
plaisir secret ; ils affectent toutes les formes et prennent les étiquettes les plus
variées. Et, en outre, la femme s'offre à
ses regards ou à ses désirs, sur la voie
publique, sous tous les différents aspects,
en des conditions sans cesse renouvelées
d'élégance, de charme piquant ou de pudeur affectée et d'honnêteté apparente.

Mais aussi, le vice de ces classes ne
présente plus ce caractère d'intimité qu'il
prend dans le grand monde, où la femme
ne se prostitue guère pour vivre ; il se

généralise, même dans l'adultère, et af-
fecte des formes presque « faits-divers. »

Il varie plus par l'extérieur que par le
fond, chez l'homme, et ne reprend son
vrai caractère que chez la femme, mieux
douée à cet égard.

Quand l'homme va chercher l'amour
en des endroits tout particulièrement désignés à sa clairvoyance, il a, à son gré,
une joyeuse collection de lieux et de sujets, si plaisamment distribués parfois,
qu'il nous faut arrêter quelques instants
le lecteur sur ce point spécial.

Contrairement à leurs similaires mondaines, les maisons dites de « passe » à
l'usage des classes moyennes, sont in-

nombrables et répandues partout, en la bonne cité parisienne.

Elles affectent les formes les plus variées : depuis l'appartement ordinaire où quelques femmes, d'aucunes mariées, attendent le client, en jouant du piano et en prenant du thé, jusqu'aux boutiques de parfumerie, de ganterie, d'objets d'art, de lithographie ou de librairie.

Les « appartements, » très nombreux, sont distribués de par la ville, au hasard ; les boutiques, au contraire, ont de préférence leur siège dans la partie représentée par les arrondissements centraux.

Les premiers n'ont rien qui attire le regard du passant ; seuls les initiés vont directement au logis et frappent sûrement à la porte, assez souvent ornée d'une plaque ou d'une carte portant les inscriptions : *Plumes* ou *Fabrique de plumes.*

Ces appartements, par leur intérieur et la manière d'y opérer, diffèrent quelque peu de celui décrit dans le chapitre relatif aux gens du monde.

Les uns sont tenus par « d'honorables » chaperons, indépendants ; les autres ont pour propriétaires des « loueurs » véritables industriels d'amour.

Les moyens de réclame ne sont pas, non plus, semblables à ceux employés par « les maisons » que fréquente la riche société.

Le « loueur », généralement un marchand ou un placier de bijouterie fausse, a pour matrone une jeune femme, très au courant de tous les tours de prestidigitation monétaire auxquels ne manqueraient pas de se livrer les filles qu'elle occupe.

Il loue, au premier ou au deuxième étage,

sur le devant, dans une rue de largeur
moyenne, un petit appartement composé
d'une antichambre, de deux pièces et
d'une cuisine. Le concierge laissera aller
et venir sans trop s'inquiéter, car ce sera
pour lui source à bénéfices. Les deux chambres, meublées d'une manière à peu près
semblable, doivent servir, l'une de salon
d'attente, l'autre de « laboratoire, » à
moins que deux visiteurs ne viennent en
même temps. En ce cas, le salon sera
transformé en cabinet de travail. Une
vieille femme, la bonne de confiance du
« loueur », bien plus chargée de surveiller Madame et les femmes employées,
que d'ouvrir la porte et reconduire les
visiteurs, a mission de faire patienter
un troisième arrivant, si ce cas extraordinaire se produit.

Le « loueur » passe lui-même, chaque

soir, dans sa « maison de commerce » y faire ses rentrées d'argent et interroger la vieille bonne sur la quantité réelle des visiteurs venus dans la journée.

Au surplus, rarement la maîtresse de cet honorable industriel le trompe, car, le plus souvent, elle l'épouse, plus tard, et a intérêt à faire dignement fructifier l'opération commerciale, pour le plus grand rendement du futur capital social.

Une autre raison l'arrête dans ses coupables pensées, si elle en a : la crainte d'être remerciée, et mise sur le pavé. Les « loueurs d'appartements », en effet, forment une association, très liée, et tout propriétaire de ce genre d'immeuble aiderait un confrère « trompé » à se venger de sa « femme » en l'empêchant de monter un autre « appartement » ou de travailler seule.

*
* *

Les « boutiques », au contraire, sont
facilement reconnaissables à tout œil parisien un peu exercé, quoiqu'elles présentent deux caractères : le premier est nettement « libertin », le magasin étant à peine
achalandé et la femme qui le tient, se
tenant fort en vue et de façon très provo-
cante ; le second, il est vrai, a toutes
les apparences d'un établissement de bon
aloi, tenu par de jeunes personnes ne s'a-
bandonnant qu'à bon escient au client, et
après une certaine expérimentation.

Les premiers magasins, ceux nettement provocateurs, représentent d'ordinaire des fonds de papeterie, de lingerie
hétérogène, de lithographies ou de photographies, d'objets d'art (!) ou de vieux

tableaux, enfin de librairie. La boutique,
au premier coup d'œil, peut être experti-
sée à sa juste valeur commerciale, si peu
nombreuses sont les marchandises éparses qu'elle contient. Le naïf, ou le passant
non initié, se demande comment tel magasin fait ses frais, si misérable il est
d'aspect, si désert il semble. La femme,
faisant du crochet ou de la tapisserie, demeure paisiblement assise à la porte, ou
se tient à l'entrée de l'arrière-boutique.

Qu'un promeneur s'arrête devant l'étalage, l'œil de la dame se lève aussitôt
sur le nouveau venu et scrute sa valeur
commerciale, ses intentions, ses désirs.
Que le flâneur passe, la dame se remet
à son ouvrage ; qu'au contraire, il demeure et regarde plus attentivement la
marchandise, l'aimable personne amorce
du regard, tire lentement à elle, par sug-

gestion, le passant, et sait vaincre son indécision ou ses hésitations par un sourire significatif.

La victime entre ; ce n'est plus alors qu'une question de prix.

Les seconds magasins, ceux à la marchandise réelle et au décorum extérieur et intérieur, sont le plus souvent des fonds de ganterie, de mercerie, de lingerie et de parfumerie ; certains bureaux de tabac fashionables peuvent appartenir à cette catégorie.

Qu'un client ordinaire entre, on le sert comme tout le monde ; mais, qu'un homme galant se présente et demande discrètement, le sourire aux lèvres, à essayer des gants ou à acheter un sachet parfumé quelconque, une aimable jeune personne se détache vers lui, le sert lentement, les yeux plus fixés sur les siens que sur la marchandise, fait valoir la beauté de son sourire et... ne tarde pas à s'entendre avec le personnage. Comme l'objet à acheter, de nature délicate, n'est point exposé en magasin, il le faut aller prendre dans l'arrière-boutique, où passent incontinent la demoiselle et l'intéressant client.

*
* *

Il existe enfin des coins excentriques, du genre de certaine boutique de pâtisserie, sise récemment non loin du faubourg Montmartre, maison si hospitalière que pour le modique achat de deux francs de gâteaux, mangés en partage avec une pâle et triste bossue, cette dernière octroyait des faveurs particulières au mangeur. La dînette avait lieu dans une arrière-boutique, ouverte à tous vents et regards, sans que ce repas, presque en plein air, troublât le moins du monde l'aimable bonne.

Nous ignorons le lieu actuel de cette pâtisserie, fort connue naguère, et, où est entrée toute une génération de promeneurs.

*
* *

Et pour terminer, nous signalerons les amateurs du plein air, lesquels dédaigneux de logis plus ou moins luxueux, s'en vont par les sentiers écartés de la grande cité, en quête d'hétaïres prêtes au « labeur public. »

Ces lieux, mystérieusement déserts, sont principalement les bas ports de la Seine ou du Canal, certains coins des squares, le Cours la Reine, aux Champs-Élysées, et enfin la terrasse du bord de l'eau, aux Tuileries.

En ce dernier point, et sur le Cours la
Reine, un monde tout spécial de « vertus
fanées » a pris possession entière de
l'endroit ; il semble en faire partie inté-
grale. Il s'y étale à l'aise sous le regard
paternel des gardiens, qui fort discrets
ou très pudiques, ont le soin de toujours
s'éloigner d'un couple trop uni.

Ces dames, nonchalamment étendues
sur les sièges de fer, qu'elles savent presque transformer en chaises longues, jau-
gent le passant d'un seul regard. Qu'il
réponde à leur désir, et aussitôt un jeu
tout spécial des jambes montre au promeneur, l'espace d'une seconde, des tré-
sors plus ou moins brillants, mais toujours alléchants.

La conversation s'engage alors, prestement, et le plus souvent avec si peu
de mystère que les voyageurs, juchés

sur l'impériale des tramways passant tout contre les Tuileries, assistent à certains spectacles plus spéciaux à l'alcôve qu'à la rue.

*
* *

Quand l'homme préfère la voie publique, il rencontre la femme, à toutes conditions et, en quelque lieu qu'il se trouve.

Le Parisien sait, du premier regard, jauger financièrement la promeneuse qu'il croise ; de même il co nnaît la variété des prix courants, par quartiers.

Il n'ignore pas non plus la différence de la femme selon la région, et, à cet égard il a subdivisé la ville en une série de zones à peu près nettement définies ; les catégories d'hétaïres, plus ou moins déguisées, sont presque établies par ce fait.

La femme qui a son quartier général
aux abords de l'opéra diffère sensi-
blement de celle habituée à vivre aux
alentours du passage Jouffroy; mais celle-
ci n'a aucun point de rapport avec la
pierreuse des rues des Martyrs et Fon-
taine. Et cependant ces trois types de
lieux sont enclavés dans un même arrondissement.

Le Parisien sait donc où rencontrer
l'objet désiré, en rapport avec ses goûts
ou sa bourse.

Mais, indépendamment de ces caractères généraux, il est initié à ceux d'ordre
plus intime, qu'il faut arriver à connaître
pour distinguer dans la femme pratiquant
le vice.

En effet, celle-ci appartient à deux classes nettement tranchées : l'une qui comprend l'hétaïre s'offrant sans périphrases ;

la seconde, la plus considérable et se sub-
divisant elle-même à sous-genres multiples, composée de femmes ne s'offrant pas
directement mais attendant l'attaque plus
ou moins savante de l'homme.

La première classe ne présente rien
d'intéressant, son côté brutal lui enlevant
tout caractère d'intimité ; l'homme achète
bestialement sa marchandise, sans le
moindre préambule, après l'avoir simplement examinée... dans le tas.

La deuxième, au contraire, est toute su-
jette à l'étude et possède nettement les
caractères du vice. Outre qu'elle constitue la majorité des femmes vivant d'amour,
ou le pratiquant par plaisir, elle est composée d'éléments autrement raffinés que
ceux de la première catégorie.

Celle-ci ne possède qu'un genre de
femme : la prostituée pure et simple ;

l'autre les renferme tous, depuis l'ouvrière jouvencelle et quasi élégante, jusqu'à « l'honnête mère de famille » venue avec ses enfants dans un jardin public.

C'est donc en son coudoiement de chaque instant avec les femmes de cette deuxième classe que le Parisien sait aviser, et bien mener ses chasses amoureuses.

Au lieu d'acheter brutalement sa marchandise, il cherche à la conquérir, et, mû toujours par une pointe de vanité, croit d'abord en la valeur de ses charmes plutôt qu'à celle de son porte-monnaie. Il est vrai que l'issue est toujours en désaccord avec cette prétention, mais qu'importe, les apparences sont sauves.

Que la figure rencontrée en chemin, et plaisant aussitôt, soit celle d'une gente ouvrière, d'une demoiselle de boutique, d'une fausse domestique, d'une dame parfaitement attifée et à l'allure sérieuse, d'une *veuve !* etc... l'amateur devine bien vite à certaine manière de marcher de la dame, à la façon dont elle tourne la tête, à ses arrêts judicieusement calculés et toujours aux bons endroits, qu'il est sur une excellente piste. Après une chasse plus ou moins longue, selon les circonstances, la bête se laisse prendre à la course, prête à... s'apprivoiser.

***

C'est à ce moment qu'entre en jeu l'hôtel meublé ou la chambre louée à la journée.

En effet, sauf les spécialistes qui vont à la chasse féminine, de parti pris, les huit dixièmes des rencontres de ce genre ne sont pas préméditées... par l'homme, arrêté en route, le plus souvent en un quartier où il est fort empêché d'un logis. La femme en connaît aussitôt, et mène sa conquête d'un instant en un immeuble, généralement loué par elle à la journée, mais dont elle prend soin de faire payer le loyer par chaque visiteur nouveau.

Le plus souvent, c'est une chambre d'hôtel meublé ; mais de nombreux marchands de vin, principalement aux abords des gares de chemin de fer, ont un cabinet avec entrée particulière, qu'ils louent paisiblement pour les besoins de l'amour.

Presque généralement, ces logis d'hôtels ou de marchands de vins ne présentent aucun caractère digne de remarque ou d'attention ; nous ne connaissons qu'un immeuble de ce genre sortant de la banalité ordinaire.

Il est bizarre, en effet, cet hôtel meublé d'une rue, non éloignée de la chaussée d'Antin, hôtel dans lequel les chambres se louent au *quart d'heure*. Un gamin, âgé d'une quinzaine d'années, va frapper aux portes, les quinze minutes écoulées, et annoncer que le temps est passé !

*
* *

L'hôtel, qui est le grand et le plus naturel refuge des couples amoureux, n'a pas cependant le monopole du plaisir ; un modeste véhicule, le fiacre, lui fait une certaine concurrènce, malgré les incommodités de tout genre de cette ehambre improvisée.

Mais, beaucoup de femmes n'oseraient

entrer, de jour, dans une maison meublée,
par confusion et peur d'être aperçues;
elles préfèrent le fiacre banal, dont on
baisse les stores !

D'ordinaire, le cocher parisien est de
nature fort accommodante à ce sujet, et,
bien rares sont les exceptions du genre
que nous raconterons dans nos histoires-
exemples; encore l'une d'elles mérite
une mention particulière pour le cas tout
spécial du cocher.

A propos de fiacres, et principalement
des objets abandonnés ou oubliés qu'on
y trouve, un cocher, en visitant sa voiture, certain soir, après avoir mené une
jeune dame à l'église Saint-Augustin,
trouva une ombrelle-poignard, un sabre
d'officier et un chapeau de prêtre, tous
ustensiles qu'il porta à la préfecture.

*
* *

Nous avons souligné à dessein le mot *veuve*, dans notre nomenclature des femmes rencontrées en route par un amateur. En effet, la principale préoccupation des promeneuses du deuxième genre étant de ne point paraître se livrer à la prostitution, mais de le laisser seulement supposer, elles affectent une tenue honnête, ce qui parfois rend difficile la distinction à des yeux peu exercés.

D'aucunes ont imaginé de s'habiller en noir et de porter le voile de la veuve. Outre que ce costume présente les apparences de la respectabilité, il possède l'avantage de donner un côté pimpant, et surtout affriolant, à la personne qui le porte.

*
* *

Dans cette catégorie des classes moyennes, il y a enfin un sous-genre qui joue un grand rôle dans la fête quotidienne de l'amour ; nous voulons parler de la femme mariée, avec ou sans enfants, qui dédaigneuse de l'adultère banal, vient trafiquer de son corps, pour augmenter le capital social ou satisfaire à des besoins exagérés de luxe.

La femme mariée, d'ordinaire l'épouse d'un modeste employé, fréquente peu les rues ; elle affectionne les jardins publics et a ses quartiers généraux au Luxembourg, aux Tuileries et surtout au Palais-Royal, à proximité duquel se trouvent de nombreux hôtels.

Combien croisent, en ces endroits, une

femme, d'ordinaire jolie, agréablement
attifée, mais au maintien sévère, à la démarche respectable, à laquelle ils n'oseraient attribuer de mauvaises pensées ; ils
ignorent qu'ils se heurtent à une femme
mariée, en quête de travail. L'observateur
ou l'expérimenté seuls la peuvent deviner
à des indices légers, mais suffisants, que
notre rôle n'est pas d'indiquer dans ce
livre.

Combien aussi, passant en un jardin,
voient une jeune et jolie mère, assise sur
une chaise de fer, modestement occupée
à faire du crochet, et ne levant les yeux
que pour surveiller le jeu d'un gracieux
bébé, sans remarquer le deuxième coup
d'œil... à l'adresse d'un amateur qui ne
s'y trompe pas.

Ces femmes mariées augmentent de la
sorte le revenu matrimonial, avec ou sans

la connivence du mari, et satisfont ainsi à leur désir de luxe, quoique leurs prix soient à la hauteur des bourses moyennes, et quelquefois modestes.

*
* *

Mais, indépendamment de ces rapports généraux de l'homme et de la femme, il nous faut aussi parler de ceux des femmes entre elles, rapports aussi étendus dans les classes moyennes que dans le grand monde, et... moins discrets.

Ce sont principalement chez les hétaïres de métier qu'on rencontre les pratiquantes du vice lesbien ; elles vivent, apparemment, par couple, sans souci de l'opinion de leurs « conjoints » de passage, et forment une sorte de confrérie augmentant chaque jour en nombre d'adhérentes.

D'aucunes tiennent des restaurants en chambre où, le repas terminé, se montent des tables de baccarat; rien ne manque à ce genre de société, même les grecs... de l'ordre féminin, qui alternent entre le saut de coupe et les chaudes expansions.

Ce n'est pas un des côtés les moins bizarres du vice à Paris, que cette passion de l'amour féminin, quasi réglementée par groupes, unie à celle des cartes et au vol par le jeu.

Les tables d'hôte, en l'honneur de Lesbos et du dieu Plutus ne sont pas rares ; on les trouve sur les hauteurs cythéréennes de Montmartre, dans certaines rues adjacentes à l'Opéra, en quelques coins des quartiers de la rive gauche et aux environs des Champs-Elysées.

Outre ces associations, toutes connues dans le monde féminin de la galanterie moyenne, quelques solitaires agissent isolément, allant de par la ville, en quête de trouvailles alléchantes. Elles déploient une patience extraordinaire à rechercher l'objet de leurs désirs, et, quand elles l'ont trouvé, font montre d'une audace dont aucun homme ne serait capable.

Sûres de l'impunité, certaines de ne pas être relevées d'importance, comme cela arrive parfois à un galantin trop entreprenant, elles abordent impudemment une femme, et lui tiennent les propos les plus adorablement cyniques, d'une façon imperturbable. Elles détaillent à mi-voix, d'un ton langoureusement doux, tous ses charmes à la personne convoitée, la caressent du regard et de la parole, lui distillent de mielleuses propositions, capables, presque, de faire rougir un être masculin, et se retirent sans crainte ni honte, au cas d'insuccès.

Qu'ont donc à s'effaroucher, ces solitaires entrepreneuses? Ne savent-elles pas, de par leur sexe, que la femme a toujours horreur du scandale, et, qu'en cas d'erreur, la personne poursuivie se borne au silence et à la confusion?

***

Avant de clore cet aperçu général du vice dans les classes moyennes, il nous faut revenir sur la première catégorie des femmes « adonnées à l'amour », celle des hétaïres pures et simples que nous n'avons que signalées.

Quelle que soit la valeur de leur costume, elles procèdent de façon identique, le fond étant le même pour toutes. Leur proposition « d'affection passagère » est présentée en de semblables formules, graduées selon la valeur financière de l'homme ou les besoins du moment.

La langue française a fourni à ces malheureuses une certaine quantité de clichés, qu'elles mettent en circulation, et accommodent diversement, selon les circonstances.

La femme de la deuxième catégorie, détaillée plus haut, se fait happer au passage, attend les propositions amoureuses, leur conclusion monétaire, et ne discute que timidement ; encore beaucoup n'osant formuler d'observations à cet égard, se bornent à rester à la discrétion du « monsieur »... après satisfaction. D'où une opération masculine commerciale, récemment inventée, et communément appelée « pose de lapin. »

Traduite en français, cette locution, extrêmement vicieuse, signifie : duperie sur
un marché accompli tacitement. Pour nous
exprimer crûment, le « poseur de lapin »
dit simplement adieu à la bonne personne
qui lui a momentanément octroyé ses faveurs, et oublie, volontairement, de régler son petit compte.

Pour obvier à cet inconvénient, et peut-
être afin d'éviter tout malentendu bruyant,
les honorables hétaïres de la première catégorie happent elles-mêmes le passant
et lui font... quelques instants après, leurs
conditions auxquelles il faut, tout d'abord,
souscrire.

Il est de la plus vulgaire probité de reconnaître, qu'en ces deux sortes de marchés, l'honnêteté est toujours du côté de
la femme. Soit qu'elle doive « perdre son
temps » ou qu'au contraire elle réglemente

le travail, toujours elle remplit ses enga-
gements. D'où, sans doute cet aphorisme :
la femme est meilleure que l'homme !

Donc, la pierreuse de la première catégorie va nettement son chemin, sans souci
de l'écho de ses propositions ou de leur
côté parfois malsonnant. Elle marche en
ces conditions de cynique indépendance
du langage, de la démarche et de l'offre
de sa personne, et, suivant la progression
en matière commerciale, fleurit chaque
jour ses propos pour les rendre plus alléchants à l'oreille du malheureux promeneur.

Ce langage appât est parfois fort bizarre
et dénote un sentiment profond d'observation ; la femme qui le tient a une
grande expérience de l'égoïsme masculin
et s'exerce à lui plaire... en promesses,
de la meilleure manière.

Quoi de plus expérimenté que cette alléchante proposition... d'hiver, faite au
passant, très gelé, qui s'en va rapidement,
les mains enfouies dans ses poches, le nez
insensibilisé par le froid, les oreilles rou-
gies à la bise glaciale :

— Venez chez moi... j'ai une bonne
grille !

Cette exclamation d'un cœur ultra-
sensible n'est-elle pas sortie d'un cerveau
plus extra-expérimenté encore?

Aujourd'hui, elle est entrée dans le domaine public; tout le monde la connaît.
Qu'importe? En est-elle moins belle?

Tout ce qui s'est greffé autour de cette
offre galamment sensible n'a pu attein-
dre la profondeur d'expansion humani-
taire de ladite phrase : la chambre réfrigé-
rente, en été, les promesses extraordinairement érotiques, et, du reste, toujours

trompeuses à l'exécution, les fantastiques démonstrations de luxe ou de propreté, les... que sais-je ? n'atteignent pas et n'atteindront jamais la « bonne grille. »

Les détails d'exécution de la femme de cette catégorie, dans ses opérations commerciales, n'étant point à l'ordre de cet ouvrage, nous croyons avoir suffisamment présenté celle-ci ; disons néanmoins, avant de passer aux exemples — histoires, que c'est chez ce genre « d'amoureuses » que fleurit le souteneur, très clair semé dans le monde de femmes appartenant à l'autre catégorie.

C'est aussi l'hétaïre pure et simple qui est, le plus souvent, la victime d'assassinat suivi de vol.

Commençons par une histoire lamentable, triste odyssée d'une jeune femme échouée dans le vice, par le seul égoïsme de son premier amant.

Un riche manufacturier de province avait comme comptable un brave homme, qui mourut en priant son patron de ne point abandonner sa fille, âgée de quinze ans et la grand-mère de l'enfant. Le manufacturier acquiesça à cette supplique, si bien même, qu'après un temps moral il séduisit la jeune fille, et la rendit mère d'un garçon. Il est vrai, qu'un autre temps moral écoulé, il mit tout ce monde à la porte et se crut parfaitement acquitté de tous devoirs en jetant quelques milliers de francs dans le tablier de la jeune mère.

Cette dernière vint à Paris, où, très inexpérimentée, sans autre conseil que celui, fort naïf, de la vieille grand'maman, elle ne sut trouver un métier sérieux ; après avoir dépensé tout l'argent apporté, elle vint enfin échouer dans un hôtel borgne, tenu par un marchand de vin.

Bientôt on dut deux quinzaines à cet honorable industriel qui, d'un naturel peu conciliant, donna congé à ses locataires.

Mais, un obstacle surgit à cet instant ; la grand'mère, par suite des nombreuses privations endurées, tomba malade. Elle prit le lit, et, l'hôtelier, tout coriace qu'il fût, n'osa transporter la pauvre femme dans la rue.

Il s'avisa alors d'un moyen et suggéra à la jeune mère d'envoyer quérir un médecin ; elle rougit, pensant aux quelques pièces blanches lui restant seules, mais acquiesça, après un regard jeté sur la malade.

Le médecin — de nos amis — vint à l'hôtel où après avoir cherché péniblement sa route, le long d'un horrible corridor aussi noir que puant, il se heurta au marchand de vin.

— Ah ! lui dit ce dernier, vous êtes le médecin et vous venez voir la vieille !... Heu ! Heu ! c'est plutôt le boucher qu'il faut à ce monde qu'un médecin... Tenez, ce n'est pas une maladie, mais une famine !... moi j'ai fait ce que j'ai pu... tantôt un bouillon à la vieille, un peu de soupe au petit... elles me doivent deux litres à seize, et onze francs pour la quin-

zaine qui se finit... je ne leur veux que
du bien, les pauvres femmes... mais il ne
faut pas se faire son propre bourreau et
se dépouiller pour les autres... aussi je
leur ai dit : vous savez, si dans trois
jours vous ne payez pas la quinzaine
finie, il faudra partir ; l'autre vous ne la
paierez qu'après, mais il faudra aussi me
solder les deux litres.

Puis, s'arrêtant tout à coup.

— C'est au second, chambre 3, juste
à côté de l'escalier.

Le docteur arriva enfin au logis de ces
malheureuses ; une jolie femme, âgée environ de vingt-trois ans, lui ouvrit et l'in-
troduisit dans la pièce sordide qu'elle ha-
bitait.

Du premier regard, le médecin se rendit compte de la véracité des dires de l'hôtelier ; il prescrivit une potion, pour la

forme, et feignit de ne point remarquer la jeune femme, tirant péniblement trois francs de son porte-monnaie et les plaçant sur la table où il écrivait une ordonnance.

Notre ami se leva, annonça que le lendemain il enverrait chercher la malade qu'on conduirait en voiture dans un hôpital, et voulut se retirer.

Mais, la jeune dame, prenant les trois francs déposés sur la table, les remit, simplement, au médecin, qui, fort ému et comprenant toute la délicatesse de cet acte, les reçut.

Sorti de la chambre, il avisa le marchand de vin hôtelier, lui mit un louis dans la main, le priant de fournir à ses malheureux locataires, et au plus tôt, tout ce qu'il pourrait acheter d'aliments avec cet argent.

— Eh bien! monsieur, dit-il au docteur, n'avais-je pas raison?

— Oui, mais la grand'mère va partir à l'hospice, et...

— C'est bon! c'est bon! vous avez bien fait... je préfère qu'elle meure là-bas! Chez soi, c'est toujours embêtant de pareilles choses... il faut nettoyer la literie... et puis ça fait du tort à une chambre!

Quelques mois après, le même médecin, attaché au « dispensaire » d'un « appartement » monté par un « loueur », fut mandé par la maîtresse de maison, à l'effet d'examiner une nouvelle recrue.

Il vint et se trouva en présence de la malheureuse jeune femme! A sa vue, elle chancela et s'évanouit :

Quelques mots d'explication mirent au courant de cette émotion la patronne de l'établissement, assez étonnée, qui, s'empressa d'interroger la malheureuse dès qu'elle fut revenue à elle.

La jeune dame fit connaître que sa grand'mère était morte huit jours après son entrée à l'hospice ; pendant ce temps, elle et son enfant avaient vécu des aliments achetés sur les vingt francs du médecin, car l'hôtelier, consciencieux à sa manière, avait employé, suivant les instructions reçues, toute la somme, moins le montant du prix des deux litres qu'on lui devait.

Il avait fallu partir !

Pendant trois jours, la malheureuse et son enfant avaient erré dans Paris, sans gîte, sans pain !... et, le petit, râlant la faim, la mère se donna au premier homme !

Par hasard, c'était un officier en congé, excellent cœur ; pendant un mois, il garda sa conquête si étrangement rencontrée, et la soutint du mieux qu'il put. Mais, le congé terminé, il lui fallut rejoindre le régiment, et, ainsi éloigné, peu fortuné, il diminua de jour en jour les subsides qu'il envoyait, jusqu'à l'instant où la mère et l'enfant retombèrent dans la même misère.

Enfin, une procureuse se présenta, vit la femme belle ; celle-ci, pour l'amour de son enfant, écouta les répugnantes propositions de la mégère et... accepta.

*
* *

L'histoire suivante est moins navrante ; bien au contraire, elle démontrera comment par une « conduite régulière » jointe à des instincts commerciaux judicieusement mis en pratique, une pauvre femme abandonnée peut se tirer d'affaire et amasser, pour l'avenir, une solide fortune.

Une jeune fille, de religion protestante, s'était mariée à Strasbourg avec un barbier israélite. Elle sut bientôt augmenter, là-bas, le bien conjugal par quelques entreprises amoureuses, hors du foyer domestique ; puis, devenue la maîtresse d'un prince allemand, elle suivit ce dernier, sans cesser de fournir de bons subsides à son époux.

Ce barbier, à quelque temps de là, vint s'établir à Paris, et mourut, au moment où sa femme, abandonnée du prince, venait rejoindre son mari.

Le cas était assez désagréable, la veuve n'ayant point d'économies, et possédant une assez faible somme d'argent.

Elle ne se désola pas pour si peu, et

après mûres réflexions sur les dangers de
la prostitution banale, à Paris, et ses revenus aléatoires, se rappela l'existence de
trois beaux-frères, échoués, eux aussi,
dans la grande ville.

La veuve les alla voir et conversa longuement avec eux; d'où il résulta une
association, sans commandite, pour l'ex-
ploitation d'un industrie, aux apparences licites et aux dessous mystérieusement amoureux.

Dans une rue avoisinant la Bourse, on
loua un petit appartement, au quatrième
étage, où, sous le nom de la protestante,
on ouvrit un petit commerce, véritable,
de plumes métalliques. L'antichambre et
la première pièce furent converties en
magasins, remplis de cartons, de papiers d'emballage, etc...; un comptoir,
une petite caisse , des cartonniers com-

plétèrent l'ameublement commercial .

La veuve tint seule boutique, assise au milieu de son antichambre, le tricot à la main, pendant que les trois beaux-frères battaient la ville pour envoyer des clients à la maison de plumes métalliques. Ils firent si bien le courtage que celle-ci fut bientôt connue et que sa renommée alla chaque jour en augmentant, telle était l'amabilité de la veuve, et l'excellence de sa marchandise.

Mais, en gens pratiques, les beaux-frères, à la vue des revenus progressant sans cesse, craignirent la contre-partie commerciale : la faillite policière, c'est-à-dire l'intrusion du service des mœurs, dans une maison si peu autorisée par la préfecture. Il fallait augmenter les apparences industrielles du magasin ; à cet effet, on adjoignit au fonds social une petite boutique de librairie et de papeterie, tenue par l'un des beaux-frères et se fournissant uniquement de plumes chez la veuve. Un autre, employé chez un grand commerçant, fit obtenir à sa belle-sœur la fourniture réelle pour la maison de son patron ; enfin, le troisième tint les livres de ce négoce en partie double.

Sous de tels auspices, l'établissement de la veuve alla toujours en prospérant, tant et si bellement, qu'il fallut s'agrandir, déménager, prendre d'abord un commis, déménager à nouveau et occuper un petit hôtel sur cour, ajouter deux commis au premier, et la clientèle augmentant chaque jour, la veuve ne pouvant suffire à la livraison de la marchandise, associer à ses opérations laborieuses, plusieurs jeunes et aimables personnes du sexe féminin.

Il y a peu de temps, la protestante a
vendu son fonds de plumes métalliques,
pour s'aller reposer à la campagne ; quant
aux beaux-frères, mariés et commerçants
très patentés, ils jouissent d'une juste
considération dans leurs quartiers respectifs.

*
* *

Un jour, le service des mœurs arrêta,
dans les environs du Palais-Royal, une
jeune femme, à l'aspect très convenable,
assez élégamment vêtue, à la démarche
un peu timide ; c'est en flagrant délit de
« propositions » sur la voie publique qu'on
l'avait mise en état d'arrestation.

Arrivée au commissariat, et interrogée,
elle se prit à pleurer, tout d'abord.

Comme, même aux yeux des agents,

elle n'avait rien de ce qui caractérise d'habitude la rouleuse, le magistrat, pris de pitié, et devinant quelque lamentable dessous, lui demanda avec bienveillance les raisons de son acte, en insistant sur le caractère déplorable de pareille conduite.

— Je suis mariée, répondit tristement la jeune femme, à un employé gagnant deux cent cinquante francs par mois, et occupé dans une importante usine.

« Je me conduisais honnêtement dans mon ménage, mais, prise du désir de posséder quelques bijoux, j'ai fait deux cents francs de dettes.

« J'ai longtemps cherché le moyen de trouver de l'argent, partout on me l'a refusé. Alors, désespérée à la pensée que mon mari pourrait apprendre ma conduite, j'ai eu souvenir qu'en mes promenades au Palais-Royal, j'y voyais des femmes accoster les hommes.

« J'y suis venue, agir de la même façon, et me vendre autant de fois qu'il le faudrait pour réunir la somme de deux cents francs, bien décidée alors à ne plus recommencer et surtout à ne plus m'endetter ! »

— Et, demanda le commissaire, combien avez-vous recueilli d'argent ?

— Vingt francs, seulement ! je n'ai encore eu de relations qu'avec un seul homme.

Le commissaire de police mit cette femme en liberté, en lui faisant promettre, toutefois, de chercher un autre moyen de payer ses dettes.

*
* *

A l'une des dernières expositions des arts industriels, une jeune Italienne, ne sachant comment sortir du palais, il arriva qu'un Arabe lui demanda de la guider.

Le Numide fut galant, offrit son bras, conduisit au dehors sa compagne, jùsqu'en un coin assez solitaire, derrière les bâtiments de l'exposition.

Mais, le couple avait été suivi par des agents des mœurs qui le virent entrer dans un kiosque en construction, et où ils le surprirent dans une tenue ne prêtant à aucune ambiguité.

L'Arabe, au commissariat, objecta, pour sa défense, son entière bonne foi, et déclara avoir agi avec cette croyance que c'était la coutume, en France, d'être galant, au-delà même des usages publics, avec une femme consentant à oublier le chemin de la vertu.

Explications inutiles ; le couple fut maintenu en état d'arrestation.

.**

Nous avons dit plus haut que le fiacre parisien était un grand véhicule de l'amour, grâce à la bénignité du cocher, toujours disposé à fermer les yeux sur les passions humaines.

Cependant, il se produit parfois des exceptions, rares heureusement, de ce silence de l'automédon, car alors elles constituent un acte pur et simple de chantage.

Un de nos amis, flirtant souvent le soir

en compagnie de sa maîtresse, peureuse à l'hôtel, avait coutume de prendre une voiture fermée, la nuit tard venue, au plus près de l'arc de Triomphe, et de se faire voiturer avec sa mie, par les voies les plus désertes avoisinant le chemin de fer de ceinture.

Certain soir, que les amoureux roulaient paisiblement de la sorte, oubliant bien certainement la terre pour tout autre chose, la voiture s'arrêta brusquement et le cocher, sautant hors de son siége, ouvrit vivement la portière, en poussant d'intempestives déclamations sur les mœurs du jour, ou plutôt du soir.

Heureusement le couple avait pu reprendre une position respectable ; le cocher, trop tard survenu, en fut pour ses frais d'objurgations.

Notre ami eût bien voulu faire con-

duire l'automédon à un poste voisin,
qu'il connaissait, mais la dame, peureuse
davantage, s'y refusa absolument. Il paya
purement et simplement la course et s'é-
loigna avec sa mie, digne et fier, mais
fort marri, au fond de l'âme, d'une intempestive interruption dans ses rêveries
amoureuses.

Le plus cruel, pour le couple, fut son
obligation de revenir à pied, des fortifications au centre de Paris, l'ami n'ayant
par hasard plus assez d'argent pour reprendre un véhicule, et l'heure des om-
nibus étant passée !

.*
.

Comme ce cocher diffère d'un confrère,
nous racontant, un jour qu'il nous voiturait, les étranges choses vues par lui, du

coin de l'œil, trois fois la semaine, dans son fiacre, choses si bizarres que nous ne pouvons les répéter, accomplies entre une grande dame mariée, du faubourg Saint-Honoré, et un aimable vicaire d'une paroisse avoisinante.

Il est vrai que la dame payait fort grassement l'automédon ; sûre de sa discrétion, elle ne prenait que sa seule voiture pour ses courses amoureuses.

Le plus curieux, c'est qu'il arriva une fois à ce cocher de rendre un service identique au mari de la dame, qu'entre parenthèses, il connaissait parfaitement.

.·.

Et, puisque nous sommes sur le chapitre des fiacres, terminons par une aventure héroï-comique arrivée à un pauvre gentleman du fouet.

Ce cocher, marié et possesseur d'une femme aussi aimable que plantureuse, voiturait depuis quelque temps, le soir, un monsieur respectable ; il s'arrêtait à la Madeleine, le temps d'y embarquer une dame soigneusement voilée, et, le couple réuni, repartait philosophiquement, errant au pas paisible de son cheval, par les voies détournées, sans plus vouloir songer à ses passagers.

Or, certain soir qu'il suivait une rue asphaltée, et que, par ce fait, son oreille, quoique discrète, pouvait recueillir l'écho des soupirs intérieurs, il advint que la dame éleva trop intempestivement la voix, en une seconde psychologique ; le cocher demeura étourdi.

Cette voix était celle de sa femme !

Il arrêta son cheval, sauta à terre, courut à la portière, l'ouvrit brusquement, et... constata son malheur ! Sans plus réfléchir, il amena violemment à lui l'épouse infidèle, et, la caressa si rudement du manche de son fouet que la pauvre femme eut tôt fait d'attirer la foule par ses cris. On dut l'arracher prestement aux mains et au fouet de son mari trop irrité.

Inutile d'ajouter que l'amoureux s'était éclipsé, sans le moindre bruit, au début de l'affaire.

Cette histoire qui nous a doucement conduit à l'adultère, sans qu'il ait été utile d'étaler spécialement cette rubrique, malgré l'immense quantité de cas et leur abondante variété, nous amène à raconter quelques faits d'ordre intéressant, les uns amusants, les autres lugubres.

Il est tels ménages où l'adultère, d'accord tacite, présente des caractères drôles ; ainsi le cas de deux couples, aux femmes échangées, et vivant paisiblement par la suite.

Il en est d'autres qui pratiquent le système du ménage à trois, et vivent en très bonne intelligence, malgré ce défaut d'harmonie.

Passons, et arrivons à la mésaventure de ce mari, à l'esprit inquiet, et à l'épouse légère.

Un négociant du dix-huitième arrondissement était, par raison d'affaires, obligé de s'absenter souvent, en ces conditions, sa femme, très libre, profitait de ses loisirs pour cascader.

Tout se sait ; le négociant apprit tôt son

malheur, et jura de se venger par le moyen banal de la condamnation pour adultère.

Mais, un tel jugement ne s'obtient qu'après constatation du délit. Là était le côté épineux de la chose, le susdit négociant n'ayant jamais pu surprendre sa moitié, en état de péché.

Le mari peiné avait un ami, de ces vieux et fidèles compagnons qu'on n'hésite jamais à choisir comme confidents ; il lui confia ses tourments. L'autre protesta de son amitié et donna aussitôt les meilleurs avis pour la constatation d'adultère.

Mais le sort cruel semblait vouloir déjouer toutes les combinaisons du négociant. A chaque fois que celui-ci et son ami, certains du jour et de l'heure d'un rendez-vous amoureux, venaient en compagnie du commissaire de police pour surprendre les coupables, ils trouvaient le nid abandonné. Plus de vingt constatations... inutiles furent opérées ; le magistrat avait pris la résolution de ne plus songer à cette affaire lorsque le hasard lui apprit la raison de ses insuccès.

L'ami si confiant, le vieux compagnon d'enfance prévenait, en temps utile, les deux amoureux, et leur faisait connaître l'instant de la surprise maritale ; le couple allait en un autre lieu, après avoir soldé généreusement l'ami pour ses bienveillantes confidences.

Ainsi avisé, le commissaire de police prit ses dispositions, en compagnie du seul mari, et trouva bientôt ce qu'il cherchait depuis longtemps.

..

Aussi joyeux est cet adultère, où tout avait été si bien combiné pour échapper à l'investigation de la police, que lorsque celle-ci vint, elle trouva la seule partie féminine, très paisible et fort étonnée d'une visite aussi intempestive.

Le commissaire et ses agents se retirèrent, mais, dans la rue, le magistrat se croisa avec deux gardiens de la paix, amenés vivement par un individu.

Il les arrêta, se fit connaître et apprit d'eux qu'on les venait quérir pour arrêter un somnambule, errant paisiblement sur le toit de la maison d'où lui-même sortait.

Ce fut un trait de lumière pour le fonctionnaire, qui remonta aussitôt et vint recueillir le somnambule, au moment où, après une promenade en léger appareil sur les toits, il s'apprêtait à réintégrer le domicile... conjugal.

Le conducteur des gardiens de la paix, un voisin, ayant vu se promener le délinquant en cet état, l'avait pris pour un somnambule ; il demeura fort surpris et très marri de sa méprise.

Trop tard !

⁎

Il est des maris, qui, pour se venger de ce qu'on est convenu d'appeler « un outrage à honneur », agissent seuls, dédaigneux du concours de la justice ; les uns tuent immédiatement, les autres lentement.

Se rappelle-t-on maintenant ce drame

mystérieux, accompli dans un quartier mitoyen à celui de l'Europe?

Un matin, le commissaire de police du quartier, avisé qu'un jeune ménage n'avait pas été vu depuis deux jours, fit ouvrir la porte de l'appartement par un serrurier, et se trouva en présence d'un horrible spectacle.

La femme, vêtue seulement d'une chemise, était étendue sur le lit ; à ses côtés, le mari, mort, reposait vêtu complètement, tenant en sa main crispée un revolver déchargé et encrassé de poudre.

Devant un piano et assis sur un tabouret, le côté droit appuyé à l'instrument et la main gauche dans la poche, le cadavre d'un jeune homme, ami des époux, gisait également.

Le mari avait préféré tuer, et mourir

ensuite auprès de celle que sans doute il aimait encore.

*
* *

Un autre avait trouvé un ingénieux moyen de tuer lentement, mais sûrement, sa femme infidèle.

La constatation faite de son malheur, l'époux s'était bien gardé de récriminer ; le soir même il partageait la couche nuptiale, mais, préalablement soldait ostensiblement à sa femme le prix du devoir conjugal.

Chaque jour, il fit de même, jusqu'à ce que la malheureuse, ravalée au degré de la prostituée par cette méthode peu matrimoniale, en mourût de chagrin.

***

Ce mari, rageur à perpétuité, avait dû connaître l'histoire d'un confrère, qui, surprenant la femme et l'amant, causant de trop près, se borna à demander un louis à l'homme et à le renvoyer ensuite.

Le louis reçu, il le fit encadrer et plaça ce tableau d'un genre spécial dans la salle à manger. Chaque fois que l'épouse, oubliant momentanément le passé, élevait la voix ou ne partageait pas l'avis du seigneur et maître, celui-ci levant le doigt vers le tableau, sans dire un mot, se bornait à indiquer le louis !

Il arriva maintes fois, que des étrangers s'extasièrent sur cette exhibition et en demandèrent la cause ; à tous, le mari répondait.

— Ce louis est un cadeau d'amour... de ma femme... le jour de ma fête !

* *
*

En dehors de ces cas, relatifs à l'adultère, il existe des faits d'intérieur amenant l'un des époux, à la requête de l'autre, sur les bancs du tribunal civil, pour le cas de séparation ou de divorce, et ceux d'ordre extérieur qui nécessitent l'intervention de la cour d'assises : tel est le fait de bigamie.

Deux exemples suffisent à donner l'idée générale ; nous les empruntons aux fastes judiciaires en nous bornant à reproduire purement et simplement les réquisitoires, bien humains dans leur sécheresse.

Le premier a trait à une demande en séparation de corps, intentée par la femme contre son mari, et ainsi judiciairement formulée. . . . .

. . . .

M. X... négociant..., dans une des visites qu'il fit à Mme Z... sage-femme, mariée à un docteur, ami du dentiste, vit une jeune fille anglaise, et qui lui parut de grande beauté.

Habitant N..., Mlle Z... avait succombé à une séduction ; il s'en était suivi une grossesse et elle avait été envoyée à Paris, où, grâce à la collaboration médico-conjugale de Mme X... elle était heureusement accouchée.

X. s'en éprit, et au mois d'août 18..., le mariage eut lieu à Londres.

Pendant dix-sept ans, dit Me N... avocat de M. X... Mme X... a semblé se montrer reconnaissante de sa destinée. Grand luxe ! grand train de vie ! onze domesti-

ques, bel appartement à Paris, un hôtel
à Passy et de riches ombrages. Des
voitures sous les remises, des chevaux
dans les écuries, et, en dehors de cela,
voyages de plaisir !... Voilà, sans doute,
de quoi satisfaire une femme, née autrement, et mariée dans d'autres conditions
que ne l'avait été Mme X...

« En comptant, dit son secrétaire par-
lant à M. X... j'arrive à 85,000 francs de
rente, votre maison d'habitation de Passy,
comptée seulement pour votre loyer et
point comme chiffre de revenu. Ajoutez à
cela ce que peuvent valoir en les réalisant,
vos maisons professionnelles et vos pou-
dres et élixirs, et vous dépassez de beaucoup 100,000 francs de rente, si mal que
ce soit vendu. »

Mme X... a été chercher, dans ses souvenirs de dix ans une histoire ignoble qui

avait un instant inquiété les deux époux. Une jeune fille pauvre avait été soignée gratuitement par M. X... Sachant qu'il avait dit, ou ses parents lui avaient fait dire que M. X... s'était livré sur elle à des actes odieux, et, après quelques tentatives et extorsions inutiles, ils avaient adressé une plainte au commissaire de police du quartier de...

Eh bien, cet honorable fonctionnaire nous écrit, à la date du 28 juin dernier, qu'il avait, pour sa part, toujours considéré la plainte formée contre M. X... comme une tentative de chantage.

X... avait été l'amant de toutes ses servantes, le profanateur de ses clientes ; il avait voulu violer A... sa belle-sœur ; il avait battu, frappé, outragé sa femme ; si elle faisait des façons, il lui disait gracieusement : « Ne fais donc pas la bégueule ! Quand on a eu un enfant avant son mariage, on n'est pas si difficile que cela ! »

. . . .

A ces formules judiciaires, ajoutons quelques explications du défenseur de la dame X... desquelles il résultait que sa cliente avait dû se résigner aux rudesses, aux aspérités et aux grossièretés de son mari, seules causes de sa demande en séparation de corps, et disons que Mme X... a été déboutée de son instance.

*
* *

Voici le second, traitant de la bigamie.

L'accusé Z... s'est marié à Bordeaux, le ... juillet 18..., avec la demoiselle X... : il était alors commissionnaire en marchandises. En 18..., il fonda la société

des ports de N..., qui lui valut un empri-
sonnement d'une année.

En 1870, l'accusé installe sa femme et
son fils à N... Il était presque toujours
absent de son domicile ; la dame Z... oublia ses devoirs. Elle a déclaré elle-même
s'être rendue coupable d'une faute unique. Le pardon qu'elle sollicitait lui fut
accordé. A l'approche de l'armée alle-
mande, la dame Z... se réfugia avec son
fils dans le midi de la France, et depuis
ce temps elle y a toujours résidé ; elle
demeure encore aujourd'hui à N...

Quant à l'accusé, il continua de vivre à
Paris, entretenant avec sa femme une correspondance qui témoigne de la réconci-
liation des époux et qui se prolongea
jusqu'à 18...

A cette époque, il manifesta à sa femme
une froideur marquée. Il venait de se lier

à la demoiselle Z..., fille d'un baron russe, qui avait quitté ses parents dès l'âge de dix-sept ans pour mener une vie d'aventure et partager l'existence irrégulière d'un personnage opulent qui lui donna une fortune d'environ trois cent mille francs.

Vers le milieu de l'année 18..., mademoiselle Y... s'aperçut qu'elle était enceinte ; elle ignorait qu'elle se fût livrée à un homme marié.

Elle demanda à légitimer son union. Z... accéda à ce projet, mais il avoua son premier mariage.

Il se rendit alors en Angleterre, demanda aux autorités anglaises une dispense de publication et le ... septembre 18..., contracta mariage avec mademoiselle Y... devant le magistrat compétent au district de...

Revenus à Paris après la célébration, les prétendus époux firent part de leur mariage par des lettres imprimées ; ils vécurent, se présentèrent et furent traités partout comme mari et femme. Ils prirent cette qualité, non seulement dans les relations du monde, mais encore dans les actes authentiques. C'est ainsi qu'un acte d'ouverture de crédit reçu par M^e ..., notaire à Paris, le ... octobre 18..., constata que l'accusé et A. de Y... ont déclaré qu'ils étaient mariés et qu'ils ont remis, à l'appui de leur déclaration, une expédition de l'acte dressé en Angleterre. Le contrat de constitution d'hypothèque qu'ils ont souscrit devant M^e ..., notaire à N..., renferme une déclaration semblable sur leur état civil, en précisant même qu'ils sont mariés en premières noces.

Cette union scandaleuse resta ignorée

de la justice pendant plusieurs années. La femme légitime gardait le silence pour éviter le déshonneur qui aurait rejailli sur toute la famille. Enfin, ils furent dénoncés deux fois : la première, par un frère de Mme de Z... ; la seconde, par un ancien associé de Z...

* * *

Passons à une histoire plus gaie.

Une petite dame, aimant fort les bonbons, avait reçu, de l'un de ses adorateurs, un sac de caramel au chocolat, auquel était jointe une lettre annonçant un rendez-vous pour le soir, à sept heures.

La petite dame, pour ne point oublier l'heure susdite, aligna sept tablettes sur sa cheminée, et sortit, au moment voulu, rappelée au rendez-vous par ce genre de mnémotechnie.

Le soir, en rentrant, elle constata que son coffre-fort avait été entièrement vidé de ses valeurs, quoique aucune trace d'effraction n'apparût sur la serrure.

Le magistrat enquêteur, en examinant de près le meuble, reconnut l'emploi de fausses-clefs, et, hasard miraculeux, constata que l'empreinte de la serrure avait été prise au moyen d'une matière sucrée sentant le chocolat.

La petite dame, présente à l'opération, remarqua alors la disparition de ses sept tablettes de caramel, inoffensifs bonbons transformés, pour la circonstance, en agents malléables et appliqués, en manière d'empreinte, sur la serrure.

*
* *

Une veuve, n'ayant même pas l'excuse de la misère, mère d'une fillette âgée de treize ans, avait retiré l'enfant de sa pension, pour la faire vivre en sa compagnie et trafiquer de son corps.

Toutes deux habitaient un appartement de quinze cents francs de loyer, dans un quartier avoisinant les Champs-Élysées, et recevaient nombreuse société, le jour.

La nuit venue, la mère conduisait sa fille dans les lieux publics où la galanterie a large cours, et bientôt, elle et l'enfant furent si bien connues que tous les habitués les tutoyaient.

Un soir, une scène ignoble se passa, ayant pour actrices cette fillette de treize ans et quelque drôlesse, l'accusant de lui avoir « volé » son amant !

A la suite de ce scandale, des dénonciations arrivèrent à la préfecture de police. L'administration ouvrit une enquête et ne tarda pas à acquérir la preuve des orgies quotidiennes, perpétrées sous les yeux de la mère, en son domicile, entre sa fille et les amis, sans cesse renouvelés, de la maison.

Cette tendre veuve, arrêtée, fut envoyée à Saint-Lazare, pendant que la grand-mère de l'enfant, avisée de ce qui se passait, venait reprendre sa petite-fille.

*
* *

Nous avons parlé, plus haut, d'une histoire de chloroforme ; on la pourrait croire inventée à plaisir, ou au moins exagérée. Elle est cependant aussi véridique que celle de ce dentiste abusant de certaines de ses clientes, après les avoir endormies, pendant l'opération dentaire, sous prétexte d'absence de souffrance.

Et, pour n'être point taxé d'invention, il nous suffira de dire, brièvement, en quelles conditions il fut arrêté.

Une jeune bonne, venue chez lui pour se faire arracher une dent, y subit l'opération chloroformique si complète, qu'elle demeura endormie deux heures.

Le dentiste, dont les opérations étaient accomplies depuis longtemps, cherchait à ramener à elle la cliente, sans y pouvoir parvenir.

Survint la domestique, attirée par les allées et venues bruyantes de son maître.

A la vue de la bonne, toujours endormie, elle la crut morte, poussa de grands cris, ce qui, naturellement, amena tous les voisins chez le dentiste.

A ce moment, la cliente s'éveilla, en même temps qu'elle s'étonnait de l'émotion générale et du monde présent, le souvenir lui revint peu à peu, elle se troubla, rougit et poussa un cri de honte et de désespoir.

On s'inquiéta, la cliente fut pressée de questions ; en présence du dentiste elle balbutia des mots incohérents dont les assistants devinèrent bientôt la cause. Ils s'emparèrent du praticien et le conduisirent au commissariat où il avoua.

La jeune bonne était, pour le moins, la vingtième de ses victimes !

*
* *

Il nous reste à citer quelques histoires relatives au chantage par l'amour, récits en général de l'ordre amusant ; mais nous les ferons précéder d'une historiette, de haut goût, aux héros seulement féminins, et approchant presque du chantage, quoique dans une acception toute spéciale.

Il est certain café, l'un des plus anciens du quartier Pigalle, et aussi des mieux cotés, au point de vue féminin.

De temps immémorial, il est convenu d'y reconnaître le quartier général de certaine catégorie de « bonnes amies », et, faut-il l'avouer, on n'a guère tort d'émettre pareille opinion.

Or donc, il advint un jour que le maître de l'établissement étant venu à trépasser, sa veuve prit la survivance de la maison.

C'était une femme de belle prestance, aux charmes rondelets, fort appréciés des amateurs et surtout de la clientèle fémi- nine ; mais, à ces qualités physiques, la nouvelle patronne joignait une extrême sévérité de mœurs, fort déplacée en ce lieu.

Les « bonnes amies » avaient plus par- ticulièrement le don d'horripiler la veuve, cherchant le meilleur moyen de renvoyer un peu plus loin une semblable clientèle.

Ces intentions hostiles furent bientôt connues des intéressées qui résolurent d'y mettre un terme ; un complot s'orga- nise à la suite duquel, une « belle petite » s'en vint gracieusement au comptoir, cer- taine après-midi, et invita, plus gracieu- sement encore, la maîtresse de l'établisse-

ment, à partager un grand dîner « d'adieu »
offert par l'une des « camarades. »

A telle offre on ne pouvait guère que
souscrire ; la patronne accepta, et, le jour
dit, se trouva chez l'amphytrionne, entourée d'un vaste état-major. Elle se mit
à table, simplement, et mangea de bonne
foi, sans remarquer les échanges réitérés
de regard entre toutes ces dames et l'absence complète de l'espèce mâle.

Le dessert terminé, la bande passa au
salon, où à un signal de l'hôtesse, les
invitées se précipitèrent sur la vertueuse
veuve, la privèrent en quelques minutes
de tout ce qui pouvait voiler sa pudeur,
et... dame !

Le plus beau de l'affaire, c'est que depuis, la veuve a si bien pardonné cette...
espièglerie, qu'elle a conservé mieux que
jamais sa clientèle féminine... en jurant

un éternel veuvage à défunt son époux.

*
* *

Arrivons aux cas de chantage proprement accusés ; le premier est bizarre autant que drôle.

Un vieux bonhomme, veuf, et resté en tutelle de bonne, proposa un jour à celle-ci de l'épouser ; la donzelle accepta.

Tout fut bientôt préparé pour la cérémonie, et le barbon s'apprêtait à savourer son bonheur, quand un matin, un homme se présenta, qui demanda à lui parler.

— Je suis, dit-il, le mari de votre bonne ; j'ai appris que vous vouliez l'épouser. Soit, je ne m'y opposerai pas, mais, vous allez me donner cent francs pour que je m'éclipse.

Le vieux remit incontinent les cinq louis réclamés.

Mais, à quelques jours de là, nouvelle demande suivie d'autres accompagnées de menaces, si bien que le fiancé, pris de soupçon, porta plainte contre le mari.

Celui-ci, mis en état d'arrestation, dut reconnaître que ses relations avec la domestique n'avaient jamais été sanctionnées par le sacrement du mariage ; toute cette comédie du chantage, organisée entre le pseudo-mari et la bonne, a conduit ces deux associés sur les bancs de la police correctionnelle.

*
* *

C'est également un désir de lucre aussi inavouable qui amena devant une chambre correctionnelle de Paris un trio com-

posé de deux femmes et d'un « homme »
honorable souteneur de son métier.

L'une des femmes accordait ses faveurs
à un rentier, chez lui.

Certain jour, le souteneur et la seconde femme firent irruption dans l'appartement, en un moment très psychologique, et réclama son «épouse légitime »,
menaçant de scandale si le rentier ne la
lui rendait pas..., ou n'ouvrait son porte-
monnaie. La seconde drôlesse venait cor-
roborer les dires de l'Alphonse et « reconnaître » madame!

Le rentier, fort gaillard, commença par
distribuer une correction méritée au trio,
courut à la porte, et sortit en emprison-
nant ce joli monde dans l'appartement.

Quelques minutes après, des gardiens
de la paix, requis, venaient délivrer les

trois associés et les transporter en un autre logis.

*
* *

Une mésaventure, d'un genre à peu
près semblable, arriva à un praticien du
chantage, l' « ami » d'une prostituée en
chambre.

L'opération avait lieu de la manière
suivante.

Quand la belle venait d'accaparer un
soupirant, elle se montrait si gracieuse et
pressante, qu'à la fin le monsieur prenait
la tenue de notre premier père. Dès lors,
peu libre de ses mouvements, en un pareil déshabillé, il était à la discrétion du
chanteur.

Celui-ci, avisé par une toux caractéristique, frappait violemment à la porte.

— Ciel ! mon mari ! s'écriait la fille.
C'est un misérable ! voilà qu'il recommence son infâme métier !... ah ! je sais
ce qu'il veut !... de l'argent !... oh ! si tu
savais comme je suis malheureuse !...

— ... lbalbutiait le client, très gêné.

— Je suis assurée qu'en lui donnant de
l'argent... que je lui passerai par l'entre-
bâillement de la porte, il s'en ira.

Toujours le malheureux s'exécutait.
La fille glissait alors, de la manière indiquée, le prix du chantage à l' « ami »,
et accompagnait cette remise des invec-
tives les plus nettement formulées contre
le misérable.

Mais un jour, un provincial, égaré en
ce logis, ne voulut pas entendre de cette
oreille ; il devina le truc, et furieux d'être
pris pour dupe, se révolta à l'idée de suc-
comber.

Mais, que faire en sa tenue ultra légère ? Sous prétexte de chercher son argent, il regarda autour de lui, avisa un
chandelier sur la cheminée, le prit vivement et le jeta au travers des vitres.

Le flambeau, tombant dans la rue, pro-
voqua l'émoi, et aussi la curiosité d'un
gardien de la paix qui s'empressa d'entrer
dans l'immeuble et de questionner la
concierge.

La dame du cordon n'hésita pas à dé-
clarer que cet objet provenait assurément
de la chambre habitée par la prostituée,
où : « Mon cher monsieur, ajouta-t-elle,
il se fait, toute la journée, des orgies ! »

L'agent grimpa l'escalier, entendit les
cris d'appel du provincial, arrêta tout
d'abord le souteneur descendant trop vivement, pénétra dans la chambre, et apprit tout.

Cet incident eut un triste résultat pour une fille, plus paisible d'allures, habitant un étage inférieur.

Cette personne, aux dehors respectables, faisait collection d'amants, en prenant le soin de convaincre chacun en particulier qu'il était absolument seul dans ses bonnes grâces. Elle possédait ainsi six affections, suffisamment libérales pour lui procurer une honnête aisance, jusqu'à ce fatal jour, marqué d'une pierre noire dans son existence.

En effet, le commissaire du quartier, procédant à son enquête au sujet du flambeau, manda en son cabinet tous les amoureux qu'il put découvrir, fréquentant l'immeuble, pour apprendre le nombre des victimes de la fille au flambeau.

Or, les « maris » de la seconde personne,

étant tous négociants du quartier, furent les premiers trouvés.

Outre le désagrément d'être mandés chez le magistrat et d'y avouer leurs petites habitudes amoureuses, ils apprirent avec une certaine stupéfaction qu'ils étaient sextuplés dans le cœur de leur amie!

Celle-ci dut déménager.

* *

Sur la fin de ces exemples, citons le cas d'immondes drôles, en général d'âge assez avancé, qui errent de par la ville, en quête de petites filles ou de tout jeunes garçons ; d'aucuns de ces misérables n'ont point à se déranger, alimentés qu'ils sont par d'horribles proxénètes toujours habiles à happer de pauvres petits êtres, pour la plus grande satisfaction lubrique de leur clientèle.

Il n'y a pas longtemps qu'on arrêtait un riche négociant, fort considéré dans son quartier, et qui pratiquait de préférence aux environs de la Bastille. Le nombre de petites filles, objets de ses lubricités, était déjà grand au moment de son arrestation ; celui-ci était fourni par des proxénètes lui amenant les enfants dans une chambre, louée par lui, en ce quartier.

Une petite fille, demeurant rue du Petit-Musc, fit découvrir le personnage en avouant tout à sa mère, l'interrogeant sur les causes d'une absence trop prolongée.

*
* *

D'autres procèdent de façon différente,
à la manière de ces deux individus, res-
tés inconnus, qui trouvèrent deux petites
filles en une rue écartée, les emmenèrent
dans une chambre, retenue d'avance assurément, et située en un endroit très éloigné de celui où ils se trouvaient. Après
avoir assouvi leur ignoble passion sur les
deux enfants, ils les conduisirent, à la
nuit, dans une rue quelconque et les
abandonnèrent purement et simplement.

*
* *

Enfin il y a peu de temps, on arrêtait
dans un établissement de bains chauds

un vieillard aux apparences respectables, accompagnant « son petit-fils. »

Malheureusement pour ledit vieillard, venu plusieurs fois et à intervalles peu éloignés dans ce même établissement, il parut au maître de la maison qu'il changeait bien souvent de « petit-fils. »

On le surveilla et on le surprit, plus occupé à donner à son « arrière-progéniture » des conseils par trop affectueux que des soins de vulgaire propreté.

Le vieux drôle, arrêté aussitôt, avoua qu'il recrutait ses « petits-fils » aux coins de rue et les entraînait assez facilement par l'appât d'une somme de cinquante centimes ! quant au bain, les enfants n'en avaient cure.

* *

Ce vieillard jouait un rôle caressant vis-à-vis de ces petits malheureux ; il en est d'autres qui transforment cet ordre et payent, toujours à bon prix, quelque pâle gamin, distrait de son jeu sur la chaussée.

Ces satyres et leurs malheureux compagnons opèrent toujours sur la voie publique, en choisissant un lieu écarté : un terrain vague, l'encoignure d'une clôture en planches ou d'un mur, une impasse, les talus des fortifications.

On surprend rarement ces couples d'un instant, par ce motif même qu'ils pratiquent en des lieux déserts.

* *
*

Après ces répugnants détails, passons à une histoire gaie, celle de la jeune personne, d'honnête apparence, laquelle s'offrait décemment aux convoitises masculines.

Certain de nos amis, mis par le hasard sur le chemin de cette belle-petite, fut si charmé de la rencontre qu'il emmena incontinent l'aimable enfant en son logis.

Mais, en vain chercha-t-il à la lutiner de toutes manières, et même d'autres ; à son grand ébahissement, la jeune personne, gardant le décorum le plus extravagant, s'était transformée... presque, en la déesse de la chasteté.

Notre ami dut se résigner à jouer le simple rôle passif que lui imposa sa compagne improvisée, et, fort intrigué, lui demanda la cause de cette bizarrerie.

— Dame ! répondit-elle, je vais me marier, et... je veux me donner... vierge à mon mari !

— ...! Mais, pourquoi te livrer à un pareil métier?

— Eh bien ! ne faut-il pas m'amasser une petite dot?

La candide enfant s'est constitué, par son travail, un pécule raisonnable avec lequel elle a monté son ménage.

C'est, depuis lors, une parfaite mère de famille.

*
* *

Alceste voulait mettre le sonnet d'O-
ronte « au cabinet. » De nos jours, certains industriels, aux idées expansives,
ont étendu l'idée du misanthrope au
point de placer en cet endroit l'amour...
passager, et de l'y installer de conforta-
ble façon. C'est une forme de progrès!

Il y a peu de temps, un commerçant,
aussi paisible qu'honnête, se sentant pris
d'inquiétude et passant devant un établissement utilitaire à quinze centimes, y
entra.

Au fort de sa béatitude, il fut soudain
troublé dans son charme par le bruit de
soupirs extatiques, partis du cabinet voisin ; le négociant, très surpris de la diffé-

rence dans les tonalités de ces bruits, et trouvant étrange la modulation des soupirs, prêta plus attentivement l'oreille. Il se convainquit bientôt d'avoir pour voisins deux amoureux.

Une telle promiscuité, en semblable établissement, le stupéfia d'abord, et le rendit curieux ensuite, de voir le couple que le hasard avait placé à sa proximité. Il demeura un temps plus long qu'il n'est coutume de rester, même dans les circonstances extraordinaires, et patienta. Ses voisins se préparant enfin au départ, il déguerpit le premier et manœuvra assez adroitement pour être présént à leur sortie... et reconnaître sa femme, en compagnie d'un jouvenceau !

. . . .

La buraliste recevait paisiblement les quinze centimes d'un nouvel arrivant, à

cet instant fatal ; elle ne put d'abord comprendre la valeur de l'ubique cri matrimonial, provoqué par une telle reconnaissance. Mais, bientôt elle sut à quoi s'en
tenir, quand l'époux enragé vint brutalement lui demander l'explication du double caractère de l'établissement.

Il fallut qu'elle montrât, toute trem-
blante, les dessous de la maison, et le
mari terrifié put constater qu'auprès des
réduits destinés aux simples mortels à
quinze centimes, il s'en trouvait d'autres, plus coquets, boudoirs charmants
d'amour, pour les bipèdes d'un prix plus
élevé. Tout avait été parfaitement combiné pour la satisfaction des sens ; malheureusement on avait oublié de capiton-
ner les murs !

L'époux trompé aura longtemps de
cuisants regrets d'une telle négligence !

Ajoutons, pour clore cette véridique histoire, que le jouvenceau avait pu s'éclipser entre la double exclamation matrimoniale et que l'administration s'est prestement occupé de rétablir l'équilibre dans ledit établissement.

III

LES MONDES INFÉRIEURS

Nous voici arrivé à la troisième classe du vice, celle également considérable de l'amour à bas prix.

Dans le monde des bourses légères, le vice se pratique sans le moindre flirtage préalable, sans cynisme non plus, prestement, tant sont habitués les possesseurs de porte-monnaie vides à bâcler la besogne.

Les dernières classes de la société s'en-

tendent mieux que leurs aisées dans les
opérations de l'amour quasi-bestial, accompli sans préambules, sur une simple
proposition. Les gens s'accouplent, les
uns par besoin corporel plutôt qu'imagi-
natif, les autres par profession.

Aussi point de subterfuges amoureux,
nuls désirs génésiques extravagants, en
tant que prostitution pure et simple ; la
seule et simple nature.

Mais aussi, par le manque d'éducation,
quelles monstruosités accomplies dans
l'ordre réel du vice ! quelles aberrations
qui ne se rencontrent que très excéption-
nellement dans les autres classes de la société !

Nos exemples, faits divers relevés aux
sources officielles, édifieront surabondam-
ment le lecteur. Malheureusement, ils
sont innombrables, ces faits d'ordre re-

poussant, accomplis par l'effet de la surexcitation animale, presque toujours identiques, et basés sur la force du mâle abusant de la femelle.

Dans cette classe, il n'y a que deux ordres de vice : celui de la prostitution étalée au grand jour, banalement officieuse, et l'autre d'intérieur, terrifiant par ses conséquences morbides et sa fréquence.

Le premier, qui ne le connaît, pour l'avoir vu s'étaler, la nuit venue, sur toutes les voies excentriques ? Il est le même, en quelque quartier que ce soit.

Dès l'ombre, d'innombrables malheureuses se traînent de longues heures, au coin de leur rue, le long de leur boulevard, ou attendent lamentablement sur le banc d'une promenade écartée.

Elles accostent le passant, le pressent, haletantes de besoin d'argent, ne le lâchent, récalcitrant, qu'après avoir épuisé tout le vocabulaire de la persuasion.

Si elles réussissent à convaincre quelqu'un, elles l'entraînent en une sordide chambre voisine, mal meublée d'une couchette repoussante et de quelques ustensiles sales et dépareillés. Là, pressée par le travail, elles se transforment en ouvrières actives, mettent les morceaux doubles, en songeant à tout autre chose qu'au bonheur présent, renvoient prestement le client plus ou moins satisfait, et se hâtent de revenir au coin de rue... pour recommencer leur labeur incessant.

Malheureuses, qui semblables aux Danaïdes, emplissent continuellement un tonneau, toujours vidé par le souteneur aux aguets et agissant à la façon que nous décrirons plus loin.

Cet ordre du vice, en ces classes dernières, n'a rien que de répugnant. Telles de ces femmes pratiquent en chambre; d'autres, celles qui ont élu domicile sur les bancs des promenades solitaires, y ont également transporté leur... boudoir (!) et, Dieu sait quelle marchandise elles offrent au passant !

La nuit venue, Paris est comme enveloppé d'un immense filet, aux mailles serrées, tenu par les ouvrières amoureuses de la dernière heure. Il n'est pas un coin qui n'abrite une ombre toujours prête à s'élancer sur... l'occasion, quitte à recommencer si elle échappe.

Et combien de lieux publics, fort paisibles de jour et même d'apparence chaste, sont, au fort de la nuit, transformés en lupanars à tous vents, où les couples se heurtent sans souci du passant attardé !

En ce monde, la prostituée de voie publique n'est que rarement mariée ; alors elle constitue un cas à part que nous signalerons à notre chapitre des souteneurs.

Fille elle est, et demeure telle.

Il n'est pas difficile ni long au curieux de connaître ses mœurs ; point il n'a besoin de fouiller tous les coins de la grande ville. Un seul exemple lui suffit à voir, tel il est répété de façon absolument identique, chaque soir, et partout.

*
* *

Semblables également sont les faits de vice intime, car l'éducation des dernières classes est similaire, en quelque quartier qu'elles gîtent. Dans le monde des ouvriers du dernier ordre, la promiscuité est

telle que sur dix ménages de cette catégorie, il en est neuf occupant une chambre à coucher, unique aux parents et aux
enfants.

Les premières années, l'homme et la
femme sont jeunes ; ils s'aiment pour leur
verdeur et ne songent point à autre
chose.

Mais, les ans venant, et les enfants aussi,
la femme se défraîchit, perd tous ses
charmes corporels, et l'homme ne voit
plus même en elle la femelle.

Les enfants, avons-nous dit, ont éclos ;
parmi eux des filles.

Ils couchent pêle-mêle, la nuit venue,
sœurs et frères ensemble, auprès du lit
paternel.

Les parents ne se gênent pas !... et les
malheureux petits êtres prennent l'habi-

tude de tout entendre, et même de tout
voir !. .

A douze ans, même avant, les filles de
tels ménages trouvent naturel l'accouplement et le pratiquent avec leurs frères,
compagnons de lit, sous l'œil paternel ou
maternel, sans étonnement de la part des
parents !

Viennent quelques années, et un plus
grand défraîchissement de l'épouse, le
père remplace celle-ci par la fille aînée ;
la cadette vient à son tour ! Si, par extraordinaire, il y a révolte chez l'enfant, le
père emploie les moyens violents, et, circonstance écœurante, il est souvent aidé
de la mère !

De temps à autre, le commissaire de
police d'un quartier est avisé d'un de ces
faits révoltants ; l'homme va alors travailler, pour le compte de l'Etat, en un

bagne quelconque. Mais, pour un cas relevé, combien demeurent inconnus ou
sont simplement soupçonnés !

Malheureuses petites filles, victimes de
la promiscuité de la famille, graines de
prostituées dès leur venue au monde,
traînées dans la fange à l'heure où une
mère regarde craintivement son enfant,
de peur qu'elle ne soit souillée, en pensée, par un fatal accident, où le père emploie toutes les circonlocutions du langage pour ne pas effaroucher son cerveau
et prend les plus minutieuses précautions
d'hygiène morale à l'effet de son éducation !

Les philanthropes, grands réglementa-
teurs de prostitution officielle, devraient
bien mieux s'occuper de guérir cet immense chancre social qui ronge une no-
table partie de la société et s'étend sur

elle dès les premiers instants de la vie.

Nous n'inventons pas. Il n'est nul commissaire de police de quartier ouvrier qui n'ait eu à visiter quantité d'intérieurs de ce genre; que peuvent-ils faire en pareille circonstance, la loi ne les autorisant à rien autre qu'au conseil? Tous abusent, de ces conseils, et les font sagement; malheureusement, c'est peine absolument perdue et équivalence de semailles sur un roc.

Et, si les filles prennent, si naturellement, sous l'égide paternelle, de telles habitudes vicieuses, bien plus les garçons, moins garantis par la pudeur, sont-ils disposés à exagérer dans cet ordre.

Les habitudes de sodomie, les premières contractées, sont suivies de désirs pédérastiques, quand l'accouplement fé-

minin ne suffit plus aux excitations génésiques. Et, comme aucun frein moral
ne vient régler ces jeunes intelligences,
elles dévergondent de la belle manière.

Vice sale, en réalité, que celui de ces
dernières et malheureuses classes, vice
absolument impur et dénué de tout sentiment régulièrement humain, bestial,
ignorant de la plus infime parcelle de
poésie, poussant le père à s'accoupler à la
fille et la mère au fils, mettant en contact d'immondes vieilles avec d'horribles
vieux, enfin se projetant en caresses répugnantes sur toute une société à peine
connue, et que chacun peut cependant facilement étudier, en la surprenant, dès
l'aube, avant le saut du lit.

Si l'un de nos lecteurs a à cœur de
constater la véracité de ces dires, qu'un
matin, sous prétexte de philanthropie, il

entre brusquement, et au hasard, dans l'un des innombrables logis sordides, situés aux extrémités d'un quartier excentrique; il pourra alors comparer les éléments d'une société deshéritée avec ceux des classes éduquées.

Dans une chambre tristement sordide, aux murs décrépis, au parquet déchiqueté, traîneront de maigres matelas garnis d'enfants, aux sexes mélangés; le lit sera occupé par le couple marital, et souvent aussi par un enfant, en supplément, mâle ou femelle, au choix.

Il verra, ce visiteur, des corps amaigris, nettement dessinés sous des couvertures diaphanes; des figures hâves et chétives, accolées les unes aux autres; la sœur tremblotante de misère, accotée aux bras de son frère, triste héros futur de cour d'assises, pour l'instant, pâle et morbide maigriot à la figure déjà tristement repoussante.

Il verra le père et la mère agir librement, et pourrait entendre le langage cynique des parents, leurs exclamations répugnantes de plaisir conjugal, en présence des enfants et du petit, couché auprès d'eux, leurs observations hybrides, leurs comparaisons stupéfiantes, et enfin... l'énoncé bruyant de leur satisfaction !

Et, comme le cadre se prête horriblement à ce tableau si étrangement immoral ! Comme ces murs dénudés, ce plancher pourri, cette fenêtre salement obscure, ces hardes malpropres éparses au milieu de la chambre, ce vase ébréché, utile aux besoins de la famille et bien visible pour tous, ces quelques ustensiles de ménage, mal lavés et point essuyés, ces assiettes encore garnies de restes répugnants, cette odeur fétide remplaçant dans l'atmosphère de la pièce l'oxygène disparu depuis longtemps, comme tout cela enfin semble devoir envelopper naturellement cette malheureuse famille, pourrie au moral !

Voilà ce qu'il faudrait voir, et, malheureusement, c'est cela même qu'on ne visite pas !... Les nerfs olfactifs sont si sensibles !

Et, ce tableau, si étrange qu'il paraisse au lecteur, il *existe*, et est ici plutôt *amoindri* qu'augmenté ! Cette chambre ! mais il en est mille comme elle, dans Paris, plus assurément ; et on ne peut croire à leur existence !

Voilà le vice des dernières classes, dans son ordre général, dans son acception intime.

Les pères sont des gredins, peut-être inconscients dans le principe ; les enfants ignorent la morale présente, et font ce que nos histoires apprendront.

Cette première histoire-exemple suffi-
rait, seule, à dépeindre le véritable caractère du vice dans les bas-fonds de la
dernière classe sociale, car, malheureusement, le fait que nous allons raconter
n'est point isolé; nous l'avons pris, au
hasard, dans le nombre considérable des
actes quasi-similaires, presque quotidiennement perpétrés en chacun des bouges
où nul civilisé n'a la pensée de s'aventu-
rer.

Derrière Montmartre gîtent encore de
nombreux chiffonniers, malgré le disper-
sement, hors barrières, des chevaliers

du crochet; ces porte-hotte demeurent
« en tas » en des cités *ad hoc*, c'est-à-dire
judicieusement situées hors des regards
profanes.

L'une d'elles, appelée : impasse du
Mont-Viso, un curieux spécimen du
genre, a été le théâtre du fait que nous
allons raconter.

En ladite cité, la jeunesse mâle s'était
arrogé le droit régalien de faire « travailler » le jeune élément femelle, pour
vivre en paix du produit de ce « travail. »
Les filles devaient « turbiner, » toutes,
et, disons-le sans fard, toutes se prêtaient
de la meilleure grâce au « turbin » hors
la cité.

Une seule faisait exception, une jeune
chiffonnière nommée Louise, qui avait
énergiquement refusé de se prostituer,
la nuit venue, malgré les pressantes solli-

citations de l'élément masculin, et les menaces de toute nature. Et, circonstance aggravante, Louise avait un amant hors la cité !

Une pareille situation ne pouvait durer ; c'était d'un trop mauvais exemple !

Les menaces se renouvelèrent, plus sérieuses, et enfin, Louise n'en ayant cure, on décida de : « lui tanner la peau ! » et « de lui passer dessus ! »

Le lendemain du jour où cette double décision avait été prise, la jeune fille, sortie de son taudis, promenait dans la cité un moutard âgé de trois ans et appartenant à une voisine. Après quelques pas elle s'entendit appeler, leva la tête et vit une de ses amies, nommée Élisa, accoudée à la fenêtre de sa chambre, et l'invitant à venir prendre le café.

Louise accepta ; elle monta, en compagnie de l'enfant, entra dans la chambre de son amie, et se trouva, sans étonnement, en compagnie de quatre jeunes chiffonniers ; on but tranquillement le café, additionné d'alcool suffisamment régénérateur, après quoi, sur un signe d'Élisa, chacun se leva, comme pour aller à ses affaires.

Louise sortit la première, tenant toujours le moutard par la main, et marcha sans défiance. Soudain, au moment où elle passait devant la porte ouverte d'une chambre remplie de varech, la jeune fille se sentit poussée violemment ; avant qu'elle eût pu résister et même crier, la chiffonnière était renversée sur le varech, violée par chacun des quatre vauriens et battue à tour de bras, à toute nouvelle reprise.

Ce spectacle avait pour témoins Élisa,

simple curieuse impassible, et l'enfant qui poussait des cris lamentables.

Au bruit, quelques voisines vinrent enfin, et parmi elles, la mère du moutard, laquelle se dérangea seulement pour retirer son enfant de la mêlée ; mais chacune se garda bien d'intervenir. Toutes rentrèrent au logis après constatation d'un acte ne les regardant pas et dont elles ne pouvaient apprécier la valeur réelle.

Louise se releva enfin, frottant ses côtes et descendit se plaindre, *non d'avoir été violée à quatre vauriens, mais simplement des coups reçus !* Par hasard, le témoin de ses doléances était un vieux chiffonnier, des plus honnêtes, nommé le père François, qui, sans aviser personne, vint prévenir le commissaire de police.

Le croirait-on ! ce magistrat eut quel-

que peine à obtenir une déposition régulière de Louise, qui encore une fois, et
nous ne saurions trop insister sur ce cas
bizarre, trouvait naturel le viol et ne res-
sentait de colère qu'au souvenir des
coups ; au surplus, on eût bien étonné
tout ce monde chiffonnier, à l'exception
du père François, en taxant d'immorale
la conduite des quatre chenapans.

Ajoutons, pour clore honnêtement notre
histoire, que ces derniers ne tardèrent
pas à être arrêtés et condamnés à des
peines variées.

L'un d'eux, interrogé sur les motifs
l'ayant poussé à commettre ce viol, répondit cyniquement :

— Écoutez, j'vas vous dire la vérité ;
j'venais d' faire six mois d' Mazas, et,
j'étais sorti du matin...; dam !...

Et il termina par quelques considérations d'un ordre trop physiologique pour que nous puissions les relater.

*
* *

Du même genre l'histoire suivante.

Une fille publique, du dernier ordre, avait eu la malencontreuse idée de « lâcher » son amant... pour en prendre un autre. Le souteneur évincé imagina une assez bizarre vengeance ; il invita trois amis... à violer son ancienne maîtresse.

A une proposition aussi alléchante, les trois « gonses » ne pouvaient que souscrire.

L'ex-amant obtint de sa « largue » un dernier rendez-vous, sous prétexte d'une ribote d'adieu entre camarades, et présenta ses trois amis ; on partit dans la direction des fortifications, sur les talus

desquelles la jeune personne fut incontinent jetée bas et livrée aux caresses des
« trois amis ! »

Détail particulier : l'ex-amant mainte-
nait la malheureuse de façon qu'elle ne
pût résister ou crier.

L'opération accomplie, les quatre individus prirent la fuite, sans le moindre
souci de leur victime, laissée à moitié évanouie sur l'herbe. A quelques jours de
là, ils étaient arrêtés, et émettaient les
aphorismes les plus étranges dans leurs
réponses au magistrat instructeur.

C'est ainsi que l'un d'eux disait naïve-
ment :

— J'ai... violé cette dame pour être
agréable à mon ami !

Et un autre s'écriait emphatiquement :

— Quand une femme a un amant, celui-ci a le droit de lui f...icher des raclées

et même de la prêter à un ami!... j'ai pas mal fait puisque mon ami m'a prêté sa femme!

Ces théories sur la propriété féminine n'ont point sauvé leurs auteurs d'un nombre judicieusement calculé de mois de prison, à eux infligés en guise de réconfortants.

*
* *

Si les deux précédents récits ont un caractère presque gai, par les idées spéciales en morale des personnages, celui-ci est de l'ordre horrible.

Un ouvrier avait épousé une femme, mère de deux filles ; en quelques années, il eut lui-même deux enfants.

Un jour, la femme entra à l'hôpital ; le soir même, le père obligeait sa belle-fille aînée à remplacer la mère dans la couche matrimoniale. La malheureuse était âgée de quatorze ans.

Les autres enfants n'avaient cure de trouver anormale cette substitution ; ils se bornèrent à dire :

— Tiens, c'est Julie qui est maman, maintenant !

Et de fait, ce fut la petite Julie qui prit la direction du ménage et remplaça, matériellement et moralement, la mère malade. Enfin, celle-ci sortie de l'hospice, reprit sa place au foyer, sans se douter des événements survenus au cours de sa maladie ; elle les apprit bientôt, et, de la façon la plus cruelle, par la bouche de son dernier enfant, disant à brûle-pourpoint à sa mère, à quelques jours de là :

— Tiens, si tu crèves maintenant, ça nous est égal, car Julie t'a remplacée dans

*le lit, et, elle sait mieux faire la cuisine
que toi!!*

La malheureuse, terrifiée de l'acte accompli par son mari, courut dénoncer celui-ci et le faire arrêter.

* *
* * *

Il est des actes tellement monstrueux qu'on se demande comment certains cerveaux humains peuvent les enfanter.

Trois hommes, des ouvriers, ont naguère répondu, devant la cour d'assises, d'un forfait qui dépasse tout ce que l'imagination peut concevoir.

Une petite fille, Eugénie B..., morte à sept ans et demi, était la fille du premier des accusés. Dès qu'elle eut perdu sa mère, son père, passant la plus grande partie de son temps dans les cabarets, et

vivant à peu près en un état d'ivresse per-
manente, l'abandonna aux hasards de la
rue, la laissant aller, vêtue de haillons et
ne devant qu'à la charité des voisins de
ne pas mourir de faim.

Ceux-ci avaient parfois entendu la petite fille pousser, la nuit, des cris déchi-
rants. L'enfant s'étiolait, dépérissait à vue
d'œil ; ils la questionnèrent habilement.
La jeune Eugénie finit par leur révéler
que, peu après la mort de sa mère, son
père l'avait obligée à partager son lit, et
satisfait sur elle sa monstrueuse passion.
Bientôt même, il livra sa fille à ses deux
co-accusés ; depuis ce temps, les trois misérables vivaient avec l'enfant, dans la
promiscuité la plus révoltante.

L'enquête démontra la véracité des dires de la petite Eugénie, qui ne tarda pas
à mourir, et l'autopsie les corrobora. On

découvrit chez elle, en effet, des traces de désorganisation profonde.

B... et ses complices immondes sont en ce moment au bagne.

* *

Autre drame, moins répugnant, et d'ordre matrimonial.

Un sieur V... forgeron, marié depuis peu de temps à une couturière, se lia avec un laitier, nommé A..., ivrogne invétéré, en compagnie duquel il se mit à fréquenter les établissements de vins, où il passa plus de temps qu'à l'atelier.

Il ne tarda pas, avec une telle conduite, à être renvoyé de sa forge, désagrément qu'il pallia à l'aide du vin et d'autres li-

quides : il se grisa quotidiennement en
la société de A... qu'il présenta, naturellement, à sa femme.

Madame V... éprouva d'abord une légitime inquiétude de cette tenue nouvelle, mais bientôt, désespérant de guérir
son mari de sa passion, elle fit comme
lui, but, d'abord un peu, puis davantage
et enfin immodérément.

En compagnie du laitier et du forgeron, elle passait la plus grande partie de
son temps dans les bibines du quartier, à
y boire d'affreuses consommations ; elle
ne tarda pas, à ce train d'existence, à devenir la maîtresse du laitier, au su du
mari qui, au surplus, ferma complaisamment les yeux.

Cela dura plusieurs mois, après lesquels madame V..., dégoûtée de la vie
de débauche qu'elle menait, et trop faible

pour y renoncer, prit le parti de se donner la mort. La malheureuse s'empoisonna.

Quant au mari, nous ne savons ce qu'il est devenu.

*
* *

Est-il besoin d'ajouter une observation au compte-rendu suivant d'un « drame » qui s'est déroulé devant la cour d'assises de la Seine? Nous ne le pensons pas ; tel quel, ce compte-rendu donnera l'idée exacte de certains caractères du bas monde parisien.

Le prévenu, Guillaume C..., soi-disant maçon, épousait, il y a sept ans, une Marie quelconque, blanchisseuse, passant sa vie à jeter ses bonnets par dessus

les lavoirs. Quelque temps après le mariage, il attrapa six mois de prison pour
avoir mangé du gras double (vulgo, volé
du plomb). A sa sortie, il rentra chez sa
femme et y trouva installé un de ses col-
lègues, nommé L...

Le mariage à trois s'organisa à la dou-
cette. On mena la vie panachée de cabaret, tant et si bien que le trio, après
épuisement de ressources pécunières, s'en
vint échouer en un maigre logement,
composé d'une chambre et d'un cabinet;
bien entendu, le mari se contenta du
cabinet.

Le ciel fut longtemps pur sur cette
mare; un nuage troubla enfin l'horizon.
De l'accouplement des C... mâle et femelle était issu un gamin, confié — par
un reliquat de pudeur — à la garde d'une
voisine, moyennant trente francs par

mois. Plusieurs échéances ratèrent successivement, si bien que la gardienne appela C... le père putatif, devant la justice de paix ; Marie avait quitté son tendre époux, devenu gênant, en compagnie du beau L... Ce simple avertissement sur timbre exaspéra le maçon qui vit dans la réclamation de la gardienne une « tromperie » organisée par Marie et son amant. Et pourquoi L.... ne payerait-il pas sa part des mois de nourrice ? » Cette question qui se posait dans sa cervelle, il décida de la résoudre à coups de pistolet.

Il acheta, chez un armurier de la rue de Rivoli, un revolver et des cartouches, se posta aux alentours de la rue Geoffroy-Lasnier, où logeait L..., attendit que celui-ci passât devant C... et lui envoya une balle. L'amant se sauva dans une boutique, le maçon l'y poursuivit, envoya une seconde balle, à bout portant, et se laissa paisiblement désarmer et arrêter. L... n'était pas endommagé, les projectiles n'ayant que froissé à peine son tricot et sa chemise ; les blessures se bornaient à un modeste épanchement sanguin.

C... avoua la préméditation et regretta de n'avoir pas abattu son ex-compagnon. Comme motifs de son attentat, il allégua le trouble porté dans son ménage par l'Adonis du mortier.

— C'est le désespoir qui arma mon bras ! s'écria-t-il.

On entendit comme premier témoin le beau L. Brûlez du sucre sur sa déposition.

« C... me dit un jour : Garde ma femme, elle me scie. On vivait d'accord, même que, un soir, étant un peu éméchés, on s'est battu tous les trois, et qu'on nous conduisit au poste.

Après explications, on nous relâcha, et nous rentrons, moi avec Madame et lui... dans son cabinet. »

Marie C..., 3o ans :

« Mon mari était consentant de tout et ne s'est jamais plaint de mes rapports avec Monsieur ici présent. Je ne m'explique pas qu'il lui ait tiré dessus. »

La morale doit toujours reprendre ses droits, surtout en justice. Le tribunal imbu de cette haute pensée philosophique, et, tenant un compte restreint des explications ci-dessus relatées des témoins, condamna C... à quelques mois de prison.

*
* *

Voici maintenant un curieux exemple de bénévolence conjugale et de faiblesse féminine, faiblesse coupable, d'autant plus inexplicable qu'elle n'est basée ni sur l'amour, ni sur le plaisir.

Bien au contraire, la femme adultère, en cette histoire, n'a que haine pour l'amant ; et elle se laisse entraîner ! et elle subit ses caresses ! elle obéit à ses injonctions !

Combien de ces lymphatiques exagérées existent dans les classes ouvrières qui, incapables de volonté, de par leur tempérament, sont toujours prêtes à tomber inconsciemment, par une sorte de suggestion, entre les bras de quiconque possède la force intellectuelle supérieure à la leur.

Le début de l'histoire est banal ; un mariage entre M. R... ouvrier en pianos et Louise D... mécanicienne.

Un jour, madame R... causait à sa fenêtre ; un homme badigeonnait la maison, en face. Il lève les yeux, pousse un cri, dégringole de l'échafaudage, pénètre au domicile de R... et dit à sa femme épouvantée :

— Tu ne me reconnais pas? je suis G..., ton ancien amant, le père de l'enfant dont tu es accouchée en 18...

C'était vrai.

— Que voulez-vous? dit-elle au misérable.

— Renouer nos premières relations ; tu dois avoir de l'argent? répondit le coquin. Si tu n'y consens pas, je raconterai ton histoire dans toute la maison, dans tout le voisinage !

Elle aimait son mari, la pauvre Louise ! elle n'osa point troubler le repos de R... en lui révélant le chantage. Elle présenta l'ouvrier peintre comme un ami d'enfance, et R... le reçut. Mais, au bout de quelques jours de fréquentation, les propos ignobles du peintre dégoûtèrent l'honnête homme qui chassa cet Adonis de barrière. Celui-ci guetta un soir madame R... et la maltraita. Le mari remarqua les meurtrissures, interrogea sa femme qui avoua, et il lui pardonna bénévolement.

Quelques jours plus tard, Louise D... entraîné par G... quittait le domicile conjugal pour suivre son ancien amant ! R... se mit à sa recherche et la trouva passage Veaucouleurs, dans un taudis infect. Toujours indulgent, il l'emmena, bien plus, il changea de quartier pour soustraire sa femme aux menaces du badigeonneur, et avisa de la situation son commissaire de police. Ce magistrat manda G... qui donna sa parole de ne plus persécuter madame R..

On ne sait de quelle manière G... aurait tenu son engagement, R..., à quelques jours de là, le rencontra, près de sa demeure, et, pris de fureur, lui plongea son couteau dans la poitrine.

*
* *

Passons à un autre ordre de faits.

Une nuit, un docteur, de nos amis, était mandé auprès d'un malade, à lui inconnu, et demeurant au sixième étage d'une maison fort peuplée.

Quoique l'heure fût très avancée, la concierge, ayant passé un peignoir, vou-

lut absolument guider le médecin jusqu'au logement de son locataire indis-
posé, et, se munissant d'une lampe, prit
les devants.

Elle escaladait les marches de l'escalier
avec une telle rapidité que le docteur lui
en fit la remarque, tout en s'extasiant sur
la vigueur de ses jambes.

— Voyez plutôt, fit-elle, sans préambule, en s'arrêtant et en relevant son peignoir, assez haut pour que le praticien
vît autre chose que les mollets de la donzelle.

Le médecin resta ébloui !...

— Il y a, au troisième étage, continua
la concierge, un appartement vide, et,...
si vous le voulez !...

— ...! Mais, fit notre ami, un peu in-
terloqué, et sceptique... c'est que, venu

ici pour voir un malade... je n'ai pas pris... mon porte-monnaie.

— Qu'à cela ne tienne, répondit la chevalière du cordon, montons jusqu'au sixième, je vous ferai payer... visite de nuit... c'est dix francs que mon locataire vous remettra.

— ...!

— Voyez-vous, Monsieur, la loge est d'un faible rapport,... si je n'avais, de temps à autre, quelques petits profits !...

Le docteur visita son malade, toucha les dix francs, et... descendit au troisième étage !

*
* *

Dans le monde que nous étudions, les cas d'adultère sont toujours gais, témoins ces trois exemples suivants.

B..., peintre en bâtiment, et marié, s'était établi grâce à l'appui d'un sieur X... menuisier, marié également.

B..., désireux de prouver sa reconnaissance à son protecteur, lui apportait souvent des billets de spectacle, mais, par un hasard étrange, ces jours-là le menuisier avait toujours du travail pressé ; sa femme allait donc seule au théâtre avec B..., ou plutôt, pour parler franc, en un hôtel meublé quelconque, y roucouler d'amour avec le peintre en bâtiment.

Le menuisier, en bon mari, n'a jamais eu connaissance de cette traîtrise ; si complète même était son amitié pour B... qu'un jour, il lui souscrivit une série de billets que le peintre en bâtiment escompta aussitôt. Avons-nous besoin d'ajouter qu'aux échéances, B..., disparu de Paris, en y abandonnant sa femme, négligea complètement de solder ses effets.

Mais, le curieux de l'histoire, c'est que la menuisière, voyant la colère de son mari, à la suite d'une pareille conduite, proposa à son époux de se mettre à la poursuite du débiteur pour lui faire rendre gorge. Le mari accepta d'enthousiasme ; la première partit, rejoignit B... et... depuis, n'a plus reparu.

Le menuisier croit toujours sa femme uniquement occupée du soin de faire rentrer les créances.

*
* *

Nous avons raconté l'aventure triste d'un cocher, véhiculant paisiblement sa peu chaste moitié en compagnie d'un vieux monsieur ; il s'agit cette fois d'un modeste concierge, marié, qui remettait bénévolement à sa femme les lettres que lui envoyait son amant, un vulgaire badigeonneur, plus occupé à filer le parfait amour avec cette dame du cordon qu'à peinturlurer les murs privés ou publics.

Un beau jour, Pélagie, c'est le nom de la concierge, ayant reçu de son époux, un peu irrité, une tripotée, donnée de main de maître, s'enfuit, en emportant l'escarcelle commune.

Cette fugue ouvrit les yeux au concierge et lui fit deviner son malheur; il se mit en quête, tant et si bien, qu'avec l'aide de l'autorité, il découvrit, nuitamment, sa moitié et le badigeonneur étroitement enlacés, en un lit unique.

Voici quelques échantillons des lettres, écrites en partie double, pour les besoins de la cause, envoyées par le badigeonneur à Pélagie, et remises bénévolement à cette dernière par son excellent mari.

Veuillez donner au porteur le lit, *l'ormoire*
et le plus que vous pourrez.

Je vous salue.

J. B.

Chère amie de mon cœur,

Si tu as quelque chose à me communiquer,
fais-le moi savoir, ainsi que l'heure où je
pourrai te voir. Je t'embrasse de tout cœur.

J. B.

Madame,

Veuillez avoir la bonté de donner au porteur de ce pli les objets dont vous savez. Je
vous salue.

Tout à vous.

J. B.

Chère ange,

Je t'attendraî ce soir, de sept heures et de-
mie à huit heures, toujours au même endroit,

avenue Daumesnil, au coin de la rue des Char-
bonniers.

Je t'embrasse de tout cœur.

Celui qui t'aime.

J. B.

*
* *

Certaine propriétaire, aux charmes assez avancés, mais d'un tempérament un peu exagéré, éprouvait quelques velléités d'amour pour un de ses locataires. Malheureusement, le difficile était de faire partager sa flamme au dit locataire, homme de mœurs pures, et, marié par-dessus le marché.

La propriétaire s'avisa d'un moyen simple. Un jour, elle vint rendre visite à l'ami de son cœur, et le trouva occupé

à travailler, en compagnie de sa moitié.
La présence de cette dernière ne gêna
point la propriétaire, qui prit paisiblement un siège, causa de choses et d'autres, et... s'évanouit soudain.

Émoi.

Le locataire, aidé de sa femme, porta
la propriétaire dans la chambre à coucher et l'étendit sur le lit ; mais, quelques
soins qu'on prodiguât à la femme évanouie, elle ne revenait pas à elle.

Le mari, inquiet, pria sa moitié d'aller
chercher du vulnéraire, ce qu'elle fit aussitôt, et chercha, par l'emploi de com-
presses mouillées, à ramener à la vie sa
visiteuse.

Ce dernier remède n'était point néces-
saire ; la sortie de madame X... suffit à
réveiller la propriétaire, évanouie d'un
seul œil, laquelle se voyant seule avec

son locataire, bondit à bas du lit, sauta au cou du monsieur et... le viola !

Malheureusement le viol dura si long-temps que l'épouse, revenue sans se faire annoncer, put aisément se rendre compte de la manière employée par son mari pour rappeler à l'existence une propriétaire évanouie.

Les femmes, ainsi... méconnues, sont le plus souvent de tempérament irascible ; tel fut le cas de madame X... qui, trouvant une bouteille sous la main, s'oublia au point de la briser sur la tête de la pseudo-malade.

Indè irae.

L'affaire s'est terminée devant la police correctionnelle.

*
* *

Il est des filles qui se font une idée particulière des devoirs de la police envers elles, à l'heure du « travail. »

Témoin l'exemple suivant d'une prostituée de bas étage, surprise en un hôtel meublé, par les agents des mœurs, à l'instant d'un doux entretien avec un amant, recueilli quelques minutes auparavant sur la voie publique.

Les agents frappaient à la porte, après avoir décliné leur qualité, et sommaient d'ouvrir.

— Je ne peux pas, répondit la donzelle, je suis... en affaires!... Le commissaire a le droit de m'arrêter, mais pas quand j'ai un client!... Il m'empêche de travailler!

Les agents durent attendre !

L'opération prit fin, cependant ; ils entrèrent. Mais, une scène nouvelle eut lieu ; le client se refusa à régler son petit comple, et allégua pour excuse que lui aussi avait été troublé dans sa félicité.

Il fallut conduire le couple improvisé chez le commissaire de police où l'affaire s'arrangea à l'amiable.

LES SOUTENEURS

PREMIÈRE CATÉGORIE

CHAPERON — SOUTENEUR MARIÉ — PÈRE DE
FAMILLE — DIVERS

La peu intéressante collection des souteneurs se divise en deux catégories bien distinctes : la première comprend les individus exerçant une profession, la seconde englobe ceux vivant exclusivement de la prostitution et n'ayant aucun état.

*
* *

Dans la première on trouve les éléments les plus variés. Toutes les classes de la société y sont représentées, depuis l'homme titré, aux apparences respectables, chamarré de décorations étrangères et reçu dans le meilleur monde, jusqu'à l'ouvrier.

Les individus de cette catégorie n'ont, on le pense bien, aucun point de contact avec leurs confrères de la deuxième classe, pour qui, au surplus, ils professent un parfait mépris. Ils agissent en solitaires, avec *dignité*, respectueux du décorum et des pseudo-convenances, gardant autant que possible pour eux seuls l'ignominie de leur rôle.

Combien, par cette manière d'agir, sont mêlés sans méfiance à la société convenable, ignorante de leurs agissements ! N'ont-ils pas, les uns, de prétendues inscriptions au Grand-Livre, et les autres, des fonctions administratives, commerciales, industrielles ou matérielles suffisantes à leur train de vie, et ne paraissent-ils pas être des célibataires sérieux, d'excellents époux, des pères intéressants ?

Cette première catégorie comprend des variétés que nous avons cru pouvoir ainsi classifier :

Le chaperon ;

Le souteneur-marié ;

Le père de famille ;

Les divers.

Ce dernier sous-genre comprend les individus exerçant principalement les professions : de loueur d'appartements, de boock-maker, de garçon de café ou de salle, de garçon boucher, de vendeur de billets de théâtre, de placier, de porteur aux halles ou fort, etc...

CHAPERON

Le chaperon est un homme d'âge déjà
avancé, au nom le plus souvent très ron-
flant, ayant occupé dans le monde une
haute situation, soit par sa fortune, soit
par sa position politique, administrative
ou industrielle, et l'ayant presque perdu
en suite de différentes causes.

Ce monsieur, aux apparences respectables et fort bien décoré, encore reçu dans
la société, par un restant de faveur, devient le tuteur d'une personne aussi jeune
qu'agréable, et la surveille avec un soin
jaloux dont sait habilement tirer parti

l'aimable personne auprès de ses soupirants.

Plus le tuteur est sévère, plus difficiles à accorder sont les rendez-vous et davantage s'élève le prix des faveurs, enfin recueillies.

Le chaperon, trompé avec une parfaite dignité et une superbe insouciance, prélève le lendemain une part sérieuse sur les émoluments de sa pupille.

Le monde ignore le plus souvent cette source de revenus du comte de R... ou du duc de X... Il continue à l'admettre en son sein, à admirer la correction de sa toilette, la noblesse de son attitude, la nombreuse ferblanterie étalée sur sa poitrine... et pense à autre chose.

Le nombre des susdits chaperons est plus grand qu'on le croit.

SOUTENEUR MARIÉ

Le souteneur marié est une des joyeuses variétés du monde appartenant à la catégorie que nous détaillons.

Mille et un maris mettent à profit, momentanément, la valeur de leur femme, pour augmenter les revenus du ménage, depuis l'employé d'administration ou de commerce, fermant les yeux sur les relations de sa moitié avec son supérieur, relations qui se résolvent par une amélioration dans la position du monsieur, jusqu'à l'homme politique qui trouve bon de ne point connaître les incartades de madame avec le ministre voulu. Nous signalons simplement ce cas spécial et passons aux époux pratiquant ce genre d'indifférence de façon régulière.

La majorité en est composée d'employés quelconques, à modestes appointements, retenus dans leurs bureaux toute la journée.

Ce sont des philosophes d'ordre aimable, qui grattent paisiblement de la plume une partie de leur temps, sans souci du lendemain, et laissent à leurs femmes tout le soin d'agrémenter le ménage.

D'accord tacite avec elle, sans préambules ou explications fâcheuses, ils les laissent opérer et ne viennent jamais les troubler par des visites inopportunes ou des questions intempestives.

Le temps que le mari est au bureau, la femme reçoit à domicile quelques amies et offre le thé ; des visiteurs viennent alors, après avoir montré patte blanche, et se retirent, toujours à la même heure, à la fin de l'après-midi.

Le mari, au sortir du travail, va paisiblement au café, y faire quelques parties, rentre pour dîner, et devient un tendre époux.

Jamais, dès six heures du soir, la femme de l'employé souteneur ne commet d'infidélités conjugales. Quant au dimanche ou au jour de fête, il est consacré aux joies de la famille.

Les autres souteneurs mariés agissent autrement, ainsi qu'on en pourra juger par les anecdotes suivantes.

M. X..., chemisier, possédait une boutique assez petite, mais à l'étalage alléchant ; ses marchandises, affichées à des
prix peu élevés, attiraient la clientèle.

Au surplus, le commerçant était d'une
exquise politesse vis-à-vis de tout cha-
land ; il s'ingéniait à le servir du mieux
possible, et, entre autres prévenances, il
possédait celle de ne point vouloir livrer
un objet, fût-ce un simple faux-col, sans
qu'on l'essayât.

— Mais, objectait le client, c'est inutile,
je ne veux point vous déranger... c'est
telle pointure qu'il me faut, et...

— Je vous demande mille pardons,
monsieur, essayer ne coûte rien... passez
dans le salon, vous pourrez mieux juger

devant la glace. Dans le commerce, il ne faut pas craindre de se déranger ; je veux que mes clients sortent absolument satisfaits de chez moi.

Le client, n'osant contrarier un marchand si rempli de prévenances, passait d'ordinaire dans le salon, boudoir coquettement meublé, et éclairé d'un demi-jour mystérieux,

La femme du chemisier, vêtue d'un peignoir, serré à la taille de façon très provoquante, et étendue sur une chaise longue, feignait d'être surprise par l'entrée fortuite du client. Elle se levait brusquement, à demi, et, dans ce mouvement, le haut du peignoir, s'ouvrant vivement, laissait apercevoir des charmes qui, le plus souvent, faisaient oublier à l'acheteur faux-cols ou chemises. Inutile de dire que le mari, sous un prétexte quelconque, avait négligé de franchir le seuil du salon.

Les méchantes gens existent partout. Il s'en trouva qui, après quelques mois de ce genre d'essayage, informèrent la préfecture de police des moyens employés par le chemisier pour vendre ses faux-cols.

Le service des mœurs accourut, mais, dès l'abord, il se trouva assez embarrassé.

En effet, il était en présence d'un ménage régulièrement constitué, et nulle des parties ne commettait le moindre scandale public.

Les agents feignirent de croire que ce commerçant ingénieux n'était autre qu'un mari... malheureux ; officieusement, avec force ménagements, ils cherchèrent à lui insinuer de mieux surveiller sa peu chaste moitié.

Mais, notre homme répondit superbement qu'il se refusait à croire à la moindre défaillance de sa femme, et, qu'au surplus, le cas exista-t-il, pour éviter le scandale, il ne porterait aucune plainte.

Il fallut clore l'enquête sur cette formule matrimoniale.

Cet excellent ménage, après fortune faite, s'est retiré des affaires.

*
* *

M. Z..., employé dans un cercle, est l'heureux époux d'une femme possédant ce qu'il est convenu d'appeler de beaux restes, et, par surcroît, un fils et une fille.

Madame est quelque peu musicienne, elle babille agréablement de tout et sur tout ; Monsieur, possesseur d'un esprit factice, a l'air bon enfant, paraît adorer sa femme, tout en lui accordant grande confiance, quoique jouant au jaloux... aux moments opportuns.

Ses fonctions qui l'obligent à dîner chaque jour au cercle et à y passer ses soirées, très avancées, lui procurent, par compensation, le moyen de lier connaissance avec des joueurs passagers, venus de province, gens aux positions financières heureuses et par conséquent à la bourse fortement lestée.

Quand M. Z... a jeté son dévolu sur un aimable pigeon, soupçonné de galanterie sérieuse, il l'invite à venir chez lui, présente Madame, qui, un beau soir, le retient à dîner. Le mari, appelé au cercle, ne peut naturellement assister au repas ; il sort, en disant au provincial d'un ton narquois :

— Remplacez-moi auprès de Madame,.. mais, pas en tout.

L'invité, au fait de la tendresse de l'époux pour sa moitié et de ses velléités de jalousie, n'a garde de trouver anormale cette recommandation et se tient sur une prudente réserve.

Le repas commence, Madame cause étourdiment, boit sans réflexion, et, vers la fin du dîner, se trouve subitement un peu oppressée ; il fait si chaud, et cela l'incommode tant qu'elle demande l'autorisation de dégrafer son corsage. Mais, cette petite opération n'étant pas suffisante, il faut à la dame un allègement de toilette, ce qui l'oblige à passer dans sa chambre à coucher d'où elle revient bientôt, couverte d'une simple robe de chambre, décolletée habilement, c'est-à-dire de façon très provoquante.

On passe au salon. Madame devient très abandonnée avec l'invité, lui montre un album de famille,... renfermant une série de photographies représentant madame Z... très déshabillée...

— Ce sont, dit-elle, des poses pour l'étude des différentes robes.

L'invité est ébloui, si charmé même, qu'oubliant la nature ombrageuse du mari,il... reçoit dans ses bras madame Z... haletante.

— Mon Dieu! si mon mari!... s'écrie enfin la gracieuse mère de famille, je suis perdue!

— Non, s'empresse d'exclamer à son tour le quidam,heureux et chevaleresque, je cours au cercle et ne quitte M. Z... de la nuit.

Il part, en effet, non sans qu'un rendez-vous ait été pris pour le lendemain, et s'en vient serrer les mains de l'époux, qui s'écrie gaiement en le voyant :

— Je parie que vous avez fait la cour à ma femme?

— ...! répond l'autre, en verdissant.

— Allons! je ris... je sais que vous êtes un galant homme... vous accorderais-je une telle confiance, s'il en était autrement! car, celui qui... mais, ne parlons plus de ces choses.

Le lendemain, le provincial va éprouver des félicités célestes, auprès de madame Z..., en grand mystère toutefois, et continue à filer le parfait amour... jusqu'au moment où sa bourse, ultra-vide, ne lui permet plus de rencontrer son amante aux rendez-vous promis.

Il est tel banquier de province qui a de la sorte augmenté le capital social du ménage Z... d'une somme de dix-huit mille francs.

Parfois, Z... se trompe sur les qualités généreuses d'un pigeon, il y a comme cela des heurts dans la vie, et introduit dans son intérieur un personnage assez mal éduqué pour oublier complètement le règlement de ses différences avec Madame.

Le soir même, l'époux déçu ne manque pas, alors, d'emprunter au quidam, pris à l'improviste, vingt-cinq louis qu'il oublie de rendre. Ce sont les honoraires de Z...

A ce fructueux métier, le ménage élève très bien les enfants ; la fille reçoit d'excellents principes, et, se trouve prête, actuellement, à remplacer la mère, quand sonnera l'heure de la retraite pour cette dernière.

14*

*\
* *

Un négociant en porcelaines, établi depuis peu, s'aperçut que ses affaires ne marchaient que médiocrement, quelque habileté qu'il mît dans son travail. Il réfléchit longuement au meilleur moyen de se tirer d'embarras et le résultat de ses réflexions fut de prendre femme... jeune et jolie.

Sans doute la nouvelle marchande ne sut-elle tirer qu'un médiocre parti de sa beauté; les clients n'affluèrent pas davantage dans la boutique.

Or, le négociant se trouva fort marri d'une semblable situation, tant et si bien même, qu'après certain laps de temps, il se vit près d'être déclaré en faillite.

Parmi les créanciers, il s'en trouvait

un, impitoyable et le plus fort, qui ne voulut rien entendre aux supplications de son débiteur.

— Je n'ai point les qualités nécessaires pour sortir de cette mauvaise situation, dit le négociant à sa femme, au retour de cette suprême visite, mais, dit-on, les femmes possèdent plus d'adresse que les hommes et savent obtenir souvent ce qu'on a refusé à ceux-ci. Veux-tu aller voir notre créancier ?

La négociante sourit, alla s'habiller avec le plus grand soin, et sortit.

Quelques heures après, elle revint rayonnante. Non seulement le fournisseur avait pris l'engagement de ne pas poursuivre, mais il offrait même de racheter toutes les autres créances... ce que le mari accepta avec un très vif empressement.

Neuf mois après, l'épouse du négociant en porcelaines accouchait d'un enfant dont le gros créancier fut le parrain. Et, voyez l'influence de la femme, en affaires! Depuis, le commerce du couple prospéra tant et si bien, que le négociant a cédé son fonds, après fortune faite, et s'est retiré dans une commune voisine de Paris, où il jouit de la considération générale.

L'ex-créancier n'oublie pas, au reste, d'aller souvent rendre visite à son filleul.

*
* *

Des époux complaisants savent également tirer parti des facultés commerciales d'un excellent employé, et le retiennent par l'appât de l'épouse.

Nous avons connu certain mari, négociant fort considéré et considérable, dont le premier commis, l'associé de fait, savait intelligemment diriger la maison de commerce.

Ce négociant poussait la condescendance, d'autres diraient l'habileté, jusqu'à faire chambre à part, pour ne point troubler les nuits de son employé : le matin, il allait même jusqu'à apporter le café aux « époux in-partibus » qui le remerciaient et le traitaient fort amicalement !

*
* *

Enfin, d'aucuns maris manient avec désinvolture l'art du chantage, comme on en pourra juger par les deux historiettes suivantes ; ajoutées à celles que nous venons de raconter, elles nous paraissent suffisantes comme exemples.

En dire d'autres serait inutile, le fond

de chacune étant le même et la forme n'en variant que de façon insignifiante.

Un sieur X..., négociant dans le quartier Saint-Martin, avait pour caissière sa propre femme, d'appétissante allure et fort appropriée à l'art d'enflammer les cœurs.

La belle caissière fit bientôt une impression des plus vives sur un brave voisin, père de famille, et ami de son mari, admiration charnelle qui ne tarda pas à se transformer en violent amour.

Mais, l'amoureux n'osait pas brusquer la situation en tentant un assaut par trop violemment engagé ; il fit timidement sa cour, tout d'abord, et augmenta progressivement d'instances, jusqu'au jour où Madame X... lui fit observer que son mari, extrêmement jaloux, était capable de se livrer à toutes les violences.

L'ami se le tint pour dit; mais la caissière sut être si aimable pour lui en toute occasion, qu'il reprit courage et recommença ses tentatives.

Bientôt il ne fut que faiblement repoussé, s'enhardit et finit par demander un rendez-vous. La femme hésita; mais, pressé par l'amoureux, elle accorda enfin un rendez-vous et le fixa à jour prochain, où son mari devait s'absenter et aller à la campagne.

A l'heure dite, le voisin trop amoureux se trouva dans la chambre de la dame; mais, à peine commençait-il à exprimer sa flamme qu'on entendit le bruit d'une clé tournant dans la serrure. Le mari avait sans doute oublié quelque chose et revenait!

La scène fut terrible. L'époux outragé se précipita, le revolver en main, vers l'ami, pendant que la femme, tombée à genoux, protestait de son innocence.

L'amant, terrifié, ne savait que faire ou dire, quand soudain le mari s'apaisa... à la condition pour l'amoureux de signer une traite de vingt-cinq mille francs, à trois mois, et de ne plus remettre les pieds dans la maison.

L'ami, craignant le scandale, eût signé tout ce qu'on lui aurait demandé ; il obéit et demanda à sortir.

Mais, le négociant n'était point satisfait ; après la traite, il voulait le chronomètre en or de son ami, et sa chaîne ! Le malheureux lui eût remis les bijoux s'ils n'eussent été un cadeau de sa femme ; il implora si bien que Monsieur X... daigna laisser montre et chaîne... contre un effet de mille francs.

A ces conditions onéreuses, l'ami fut

enfin libre, et sortit, absolument con-
vaincu de l'innocence de la femme, en
la plaignant d'être mariée à un tel misérable.

Trois mois après, il est vrai, il apprit
que ce drame intime avait été préalablement, et soigneusement combiné, entre les
époux X...

*
* *

Un employé d'administration, accosté
un soir par une jeune femme, la suivit à
son domicile.

A peine se trouvait-il seul avec elle,
que soudain, une porte donnant sur une
chambre voisine s'ouvrit. Un individu
apparut, un flambeau d'une main, un
revolver de l'autre. Il mit en joue le
jeune homme en s'écriant :

15

— Vous êtes ici chez moi, et cette femme est la mienne.

Puis il fouilla les vêtements de l'employé, lui prit son portefeuille et son porte-monnaie, contenant environ 150 francs, et le poussa brutalement dehors, pensant que, par crainte du scandale, sa victime ne se plaindrait pas.

Contrairement à ces prévisions, le jeune homme n'hésita pas à courir au plus prochain commissariat de police et à y raconter le fait.

Le brave couple, opérant de la sorte, était uni par les liens indissolubles du mariage, ainsi qu'on l'apprit peu après, en mettant en état d'arrestation ces époux ingénieux.

*
* *

Nous avons à signaler l'exemple de l'ouvrier marié, souteneur de sa femme, la nuit venue, alors que l'un et l'autre ont quitté leurs ateliers respectifs.

Ce type de souteneur constitue un cas spécial que nous signalons à l'attention des psychologues.

Ce n'est point en effet par fainéantise que cet ouvrier pratique un tel métier, puisque, d'ordinaire, il est considéré à l'usine ou à l'établi comme un excellent travailleur, toujours à l'ouvrage, ne fréquentant pas le cabaret, s'isolant même le plus possible. La femme possède une semblable réputation.

Nous ne voyons, comme mobile d'une telle conduite, qu'un calcul ingénieux, expression d'idées positives, tendant à un but bien déterminé : le désir d'un établissement assuré, après un temps fixé.

Le couple ouvrier s'offrant, chaque soir, de pareilles heures supplémentaires de travail, ne pratique jamais dans le quartier qu'il habite; au contraire, il choisit un coin parisien très éloigné.

Le mari agit à la façon des souteneurs ordinaires, c'est-à-dire qu'il fait le guet, avec toutes les angoisses inhérentes à pareil métier. A minuit, la récolte faite, la femme rentre au logis où bientôt son époux la rejoint.

Quand les vicissitudes de la vie ne sont pas venues s'abattre sur ces honnêtes industriels, ils deviennent, après quelques années, petits propriétaires suburbains ; les moins favorisés amassent de quoi entrer aux Petits-Ménages.

PÈRE DE FAMILLE

Le père souteneur est un genre nau-
séabond de la triste catégorie d'individus
que nous signalons. Il se rencontre fort
rarement dans les classes moyennes ou
élevées; mais, malheureusement, on le
trouve assez fréquemment dans celles in-
férieures, les dernières surtout.

Le lamentable récit qui va suivre, dont
le dénouement a eu lieu devant la cour
d'assises de la Seine, suffira comme
exemple général de la manière d'agir du
père souteneur.

Un ouvrier tailleur, nommé S..., marié, était père de deux filles, dont l'aînée avait quatorze ans.

Depuis quelque temps, il agaçait cette malheureuse enfant par des attouchements, non obscènes, auxquels la petite ne comprenait rien. Enfin, un jour, en l'absence de la mère et de la cadette, il se saisit de sa fille, la fouetta brutalement, et pour calmer l'enfant terrifiée, se livra sur elle à d'immondes pollutions.

Au retour de la mère, la malheureuse n'osa se plaindre, effrayée des menaces du père à ce sujet.

Plusieurs jours les mêmes scènes ignobles se renouvelèrent jusqu'à l'heure où le père viola sa fille! Le soir, le misérable chassa sa femme et la dernière enfant pour vivre maritalement avec l'aînée!

Il changea de quartier, presque aussitôt, vint s'installer en un autre logement, et présenta sa fille comme étant sa femme légitime.

Pendant quelque temps, le tailleur la conserva pour lui seul, mais un soir, qu'ils étaient allés dans un bal du boulevard Barbès, ils rencontrèrent la cadette, livrée depuis à la prostitution, et fort entourée en ce lieu.

Ce donna à réfléchir à S... qui, en rentrant au logis, reprocha à sa fille de ne point « travailler » comme sa sœur, et de lui être ainsi à charge. « Il faut, dit-il, montrer de l'intelligence en ce monde, et savoir rapporter de l'argent ! »

Le lendemain, elle en gagna ! Il en fut de même chaque jour, jusqu'au moment, où enceinte des œuvres de son père, elle dut entrer à Lariboisière.

Sortie après ses couches, l'aînée ramenée par le père qui l'attendait à la porte de l'hospice, reprit son collier de misère, se partageant quotidiennement entre les amants de passage et l'immonde auteur de ses jours.

Elle retourna à l'hôpital, cette fois, pour s'y guérir d'une maladie honteuse. Mais là, elle eut l'heureuse chance de rencontrer un jeune et honnête ouvrier qui la prit en pitié, au récit de sa navrante existence, l'emmena à sa sortie et l'enleva pour toujours à son père.

Celui-ci ne se découragea pas ; il retourna à sa femme... et à la sœur cadette, qui joua à son tour le rôle de l'aînée !

Enfin, la justice informée, procéda à une enquête d'où aboutit l'arrestation de ce monstre et sa condamnation à dix ans de travaux forcés.

Nous arrivons aux *divers*, comprenant
la nomenclature citée plus haut.

Les books-makers, faisant partie de la
confrérie des souteneurs, sont comman-
dités par leurs « femmes ; » ce sont des
industriels cotés inférieurement sur le
turf, mais peu leur importe. N'exercent-
ils pas une profession ?

Les courses terminées, ils reviennent
paisiblement vers les hauteurs du quartier Pigalle, ou sur les boulevards Roche-
chouart et de Clichy, dont ils affection-
nent certains établissements, et s'instal-

lent, toujours ensemble, à des tables séparées, pour y jouer au pocker ou à des jeux aussi subtils. Leurs femmes les rejoignent alors, si elles ne sont pas occupées d'autre part pour les besoins du ménage.

Le rôle du book-maker souteneur est d'user intelligemment de ses relations, sur les différents champs de courses, et de « présenter » à sa femme, un sigisbé à la bourse garnie. Il a double profit à ce labeur; d'un côté l'aimable donzelle se fait payer ses faveurs, de l'autre, elle engage vivement l'amant à jouer sur la cote de son souteneur.

Sauf cette manière de se diriger dans la vie, le book-maker souteneur est un personnage aux manières convenables, à la conversation intéressante, quand il ne parle pas chevaux; il prend soin de ne point paraître ce qu'il est, y parvient presque toujours, et trompe aisément l'étranger qui converse avec lui ou se mêle parfois à sa partie.

*
* *

Le joueur est du même acabit que le précédent ; la différence existe en l'opération qui consiste à attirer le pigeon dans des parties où... par hasard, se trouve la femme.

En été, il pratique les villes d'eau, en compagnie de son intéressante moitié.

Quelques joueurs sont les « heureux » amants de femmes de maison publique, et vont, à jour fixe, les voir entre dix heures du matin et deux heures de l'après-midi ; ces souteneurs constituent l'exception dans le monde des joueurs.

* *
* *

Nous avons suffisamment fait connaître l'industrie du loueur d'appartements,
dans un chapitre précédent, pour n'avoir
pas à y revenir.

Quant aux garçons de café ou de salle,
aux garçons bouchers, ils pratiquent simplement. Les premiers sont toujours en-
tretenus par des hétaïres d'ordre moyen,
qui les hébergent de temps à autre, mais
le plus souvent leur louent une chambre
dans un hôtel meublé, les habillent et les
fournissent de linge, de bijoux et d'argent.

Les seconds enflamment plus spécialement les cœurs des bonnes, cuisinières,
femmes de chambre, etc... et choisissent
toujours celles possédant de suffisantes

économies. Quand une bourse est com·
plétement dégonflée, ils passent à une autre. Dame ! n'cst pas garçon boucher qui
le veut !

*
* *

Depuis que certains vendeurs de billets
de théâtre, troquant ce métier pour les
faveurs monnayées d'une belle, ont pu
arriver aux plus hautes situations... dans
le commerce du vice, tel le père Navet,
il n'est pas un vendeur de billets qui
n'aspire à marcher sur d'aussi belles
traces.

Pendant que cet industriel s'acharne
après le passant pour lui vendre, moins
cher qu'au bureau, un fauteuil ou un
strapontin, la femme travaille de son
côté, dans un hôtel voisin. A la fin de la

soirée, le couple rentre au logis, s'y reposer des fatigues de la journée.

Ce sont de piètres souteneurs, pour la plupart, ne sachant ou ne pouvant tirer un bien grand parti du métier; mais sont-ils assez rares, ceux qu'une heureuse chance, (lisez femme de bon rapport), mène à posséder assez d'argent pour devenir premier commis, c'est-à-dire, marchand en titre.

*
* *

Les forts, porteurs aux halles, etc... peuvent être assimilés aux garçons bouchers; leur clientèle est à peu près du même genre.

Nous avons dit que la seconde catégorie de souteneurs était celle composée d'individus n'exerçant aucun état, ne possédant aucun métier. Comme la première, elle se répartit dans tous les mondes, mais principalement dans la société riche, très riche même, et dans la dernière classe, celle des prostituées de bas étage.

Le monde bourgeois connaît très peu ce phénomène ; seules les filles de la classe moyenne entretiennent des amants pouvant appartenir à cette catégorie.

Nous n'avons pas la prétention de détailler les types de ce monde interlope; au surplus, les décrire par le menu est inutile, tous étant de même essence morale.

Les uns sont plus éduqués, les autres moins, les derniers nullement; là est la seule nuance les séparant.

Le souteneur qu'on rencontre sur le boulevard extérieur, et qui se promène nonchalamment, vêtu de l'étrange costume connu de tout parisien, est plus susceptible de jouer du couteau ou de dévaliser, à certains moments, que M. X... l'ami intime de madame la baronne Z..., de la duchesse de Y... ou de la vicomtesse W..., reçu dans les plus hauts salons ou admis aux plus brillantes parties de chasse. Le fait est indéniable.

Mais tous deux sont absolument similaires par le cynisme de leur existence, et leur manière d'être auprès de la femme qui les entretient.

Ces gens doivent venir au monde avec une qualité maîtresse, manquant aux honnêtes bourgeois : la domination immorale, qui séduit si agréablement l'être féminin. Au premier regard, ils s'imposent véritablement ; à la première entrevue, ils ordonnent. Et on s'incline, en quelque monde que ce soit !

S'il était permis d'établir une différence entre le type fortuné et celui des barrières, c'est à celui-ci que nous donnerions la préférence, exception faite de sa brutalité générale, pour les sentiments de tendresse animale qu'il a, en général, pour sa femelle. Qu'il la batte, l'injurie ou la tue, parfois, il l'aime ! si tant est qu'on peut employer pareille expression pour exprimer ce sentiment; il l'aime, disons-nous et éprouve une sorte de reconnaissance brutale pour celle qui le nourrit.

L'aristocrate est plus égoïste; il calcule froidement la valeur des revenus de la baronne X... ou de la duchesse Z... et n'hésiterait pas à transporter immédiatement le placement de son argent en un lieu plus productif, en cas d'accident financier survenu au mari de son « épouse. »

Ce n'est pas lui qui s'apitoierait sur les malheurs de la « financière ; » elle doit rapporter ou être abandonnée sans pitié.

C'est que le monsieur dépense beaucoup pour satisfaire au luxe de son train de maison. S'il est reçu dans les salons aristocratiques ou invité aux parties de chasse, il lui faut soutenir son rang; partant point d'économie. La source des revenus tarie subitement, il serait superflu de s'éplorer en vains regrets ; il importe d'aller au plus pressé, c'est-à-dire à une autre source, aussi abondante.

Le vrai souteneur aristocrate, digne de ce nom, sait avoir plusieurs fonds d'alimentation à sa disposition, en cas d'accident.

L'autre, au contraire, a moins de besoins et des appétits plus faciles à satisfaire ; il éprouve une déception plus faible, en cas de malheur arrivé à sa « femme », et aussi un chagrin plus ou moins accentué.

Qui n'a vu, à certains jours, sur le Pont-au-Change, ou aux abords de la Conciergerie, ou encore aux environs de la prison Saint-Lazare, des individus allant et venant dans un même rayon, marchant agités, les mains enfoncées dans les poches du pantalon, ne voyant pas autour d'eux, n'ayant d'autre point de mire qu'un coin unique, la porte de la Conciergerie ou celle de Saint-Lazare.

Sur le Pont-au-Change, ils sont terriblement anxieux : leur « largue » arrêtée dans une râfle, est là, au Dépôt ! Sortira-t-elle ou montera-t-elle dans le panier à salade ?

A Saint-Lazare, ils sont émus : la femme va être remise en liberté. Ils vont l'enlever aux bras, et remonter avec elle au logis, désert depuis un temps quelquefois long. Ils sont nerveux, marchent solitaires, et n'osent manifester leur joie ; qui sait si un changement survenu ne retardera pas la mise en liberté de la prisonnière ?

Eh bien! ces brutes, en ces minutes particulières, sont supérieures au souteneur du grand monde, lequel n'est même pas taillé pour éprouver, une seconde, de telles sensations.

Nous ne parlerons pas autrement de l'élégant souteneur ni de celui des prostituées de la moyenne classe, et nous terminerons cette étude, fort imparfaite, par quelques derniers détails sur le souteneur de la dernière classe.

Si l'élégant « ami » des duchesses, marquises et autres baronnes, n'est guère reconnaissable à la mise ou à la tournure, s'il faut quelque habitude du pavé parisien pour distinguer le souteneur des prostituées de moyenne classe, il est, au contraire, aisé de reconnaître celui des dernières couches.

Autant les premiers évitent de para-

der, autant le dernier se cache peu. Il
traîne paisiblement, sur toute voie publique d'extérieur excentrique, vêtu presque uniformément du pantalon collant
aux cuisses et s'évasant sur les chevilles,
de la veste courte, du gilet de laine, et
coiffé du chapeau de paille , l'été , de
la casquette ou du feutre mou , l'hi -
ver.

Le jour, si l'argent est rare, il lézarde
au soleil, flâne devant tout spectacle capable d'amuser quelques instants, et se
serre philosophiquement le ventre en attendant l'heure du travail... de sa femme,
c'est-à-dire la nuit. Au contraire, si la
récolte a été abondante, il s'enferme en
compagnie de camarades, de son épouse
et de celles des autres, dans certaines
bibines du quartier ; là, il commence
une interminable partie qui dure jusqu'à

la rentrée au logis, c'est-à-dire, au lendemain, à l'aube.

Les femmes quittent ces messieurs après le dîner ; la partie continue, et chacun se détache, à tour de rôle, pour aller jeter un coup d'œil au dehors, voir si les femmes « travaillent bien » ou si quelque danger ne vient poindre à l'horizon.

Parfois, par un beau soleil, le souteneur se lève l'esprit rempli d'idées champêtres ; si le porte-monnaie est bien garni, il enlève sa moitié, et la mène hors fortifications, à pied, caquetant avec elle, en tourtereau, devenu presque homme, pour quelques heures. Ce soir, la femme ne travaillera pas !

Hors des circonstances détaillées que dessus, le souteneur en question opère, dans son labeur, de la façon suivante.

Dès le crépuscule, alors que la femme peut « honnêtement » commencer son métier, l'homme fait les cent pas, à distance respectueuse, ou s'étale à l'aise sur un banc voisin, quand le lieu du « travail » est orné de ce genre d'immeubles.

De son poste d'observation, il surveille très attentivement sa moitié, constate qu'elle amorce convenablement le passant ; qu'elle ne perd point un temps inutile au logis, pendant l'heure psychologique de la béatitude humaine ; qu'elle ne gaspille pas un temps précieux en caquetages inutiles avec ses voisines ; et surtout qu'elle n'a nul regard tendrement sérieux pour d'autres que lui.

Si tout marche à son gré, ledit souteneur est satisfait ; à l'heure du repos, il prend le bras de sa moitié et remonte avec elle au « domicile conjugal » où l'on « fait la caisse. »

Mais, malheur à la « travailleuse » si quelque anicroche est survenue dans la soirée ! si elle s'est attardée avec un client pour un prix dérisoire ! si elle a perdu une occasion de labeur par suite d'une causerie intempestive ! si la recette, enfin, est maigre !

Alors, les baisers et les caresses sont remplacées par les injures !

Et, comme à celles-ci, la fille aigrie répond par d'autres, aux mots succèdent les gestes ; la main du souteneur s'abat sur la figure de la femme, sa canne frotte rudement ses épaules et son pied se met de la partie.

Quand la malheureuse « a touché ses intérêts, » elle se couche aux côtés du monsieur, en rêvant... au moyen de mieux travailler le lendemain !

Le souteneur vit dans ces différentes alternatives de misère, de richesse, d'expansion amoureuse et de brutalité ; à ces qualités d'ordre spécial, il en joint d'autres tout aussi particulières, qui le rendent propre au vol et à l'assassinat.

On peut affirmer, sans crainte de se tromper, que tout souteneur de cette classe possède l'étoffe d'un assassin et d'un voleur. Nous ne ferons qu'une exception, en faveur d'un genre, si rare il est vrai qu'à peine on le peut signaler : le timide, vivant solitaire et constituant un phénomène extraordinaire dans cette classe de souteneurs.

Oui, en vérité, il existe, ce souteneur timide de la prostituée de bas étage, ce solitaire fuyant la société de ses pareils, vivant prosaïquement avec sa moitié, sans la caresser, de temps à autre, du talon ou de la canne ; mais, rare comme les castors du Rhône, il est fort difficile de le découvrir.

L'un d'eux, arrêté dernièrement, en vertu de la loi sur les récidivistes, comme vivant uniquement de la prostitution, tenait une comptabilité, très en règle, des opérations de son « associée. »

Les recettes de ce singulier *journal* étaient inscrites sous la rubrique : *Trocadéro* ; elles variaient, par *Trocadéro*, depuis cinquante centimes jusqu'à trois francs. Rarement elles dépassaient ce chiffre. Les dépenses non balancées étaient représentées par le mot : *Lapin*.

Voici une page de ce livre, fort bien

tenu, dont nous respectons la forme et l'ortographe :

21 mars.

Trocadéro trente sous

Trocadéro quarante sous

Trocadéro vingt cinq sous

resté d'hier quinze sous

Acheté pour Mélanie un bout de cordon pour son corcait un sou

une chopine pour déjeunait six sous

deux morceaux de boudain quatre sou

fromages livaraut quatre sous

Un pain de quatre

livre saize sous

quatre sous de tabac

deux abçintes six sou

des côteletes à la soce quinze sous

une chopine pour dinait six sou.

du brie quatre sous

café et fine dix sous.

On le voit, les recettes sont supérieures aux dépenses, dans cette journée du 21 mars ; mais, d'ordinaire, elles se balancent, et le gain de la dame est inférieur à celui relevé à cette date.

LES PÉDÉRASTES

—

La pédérastie est une des formes les plus répugnantes que prend le vice à Paris ; malheureusement ce vice antiphysique est répandu dans des proportions trop grandes.

Les pédérastes se recrutent presque généralement dans les deux classes les plus opposées de la société : celle dite du monde, qui fournit la partie active, et la dernière, composée des individus formant la partie *féminine*. Ceux-ci sont ordinairement des garçons de café, des domestiques, de jeunes ouvriers plus

épris du far-niente que de l'atelier ; par
exception, ils sont mélangés de quelques
déclassés et de jeunes gens de bonne famille. Mais la classe bourgeoise est, en
général, exempte de cette infection morale.

Les uns vivent en associations, d'autres s'accouplent ; d'aucuns demeurent solitaires. Ces derniers sont peu nombreux.

* * *

Cet étrange monde grouille, chaque
soir, dans Paris, en différents endroits,
presque toujours les mêmes, ceux propi-
ces aux rencontres désirées, c'est-à-dire
en les lieux fréquentés plus spécialement
par la société riche renfermant les mem-
bres de la partie active.

C'est ainsi qu'on le trouve, éparpillé,

aux abords des passages des Panoramas, des Princes, du Grand-Hôtel, sur les boulevards des Capucines et de la Madeleine, et principalement, la nuit venue, aux Champs-Elysées, réparti dans tous les lieux d'amusement assemblés en cet endroit. Le quartier général des pédérastes, en ce coin de Paris, porte même un nom ingénieusement approprié à la chose : il s'appelle l'*arbre d'amour*, est très connu de toute la corporation, et, se trouve auprès du café des Ambassadeurs.

Là, autour de cet arbre, on peut voir chaque soir, errer par groupes d'immondes drôles, facilement reconnaissables à leur figure glabre, à leur regard terne et surtout à la façon spéciale qu'ils ont de déhancher le corps en glissant sur le sol plutôt qu'en marchant.

Ces lieux ne sont pas les seuls affectés aux rendez-vous des pédérastes.

Il se trouve dans cette abjecte partie de la société, comme dans les autres que nous avons décrites, des classes secondaires, incapables de s'élever aux sphères supérieures, et obligées de pratiquer leur vice à des prix doux.

Les individus de cette catégorie, ne pouvant avoir de rapport avec la clientèle riche des quartiers aristocratiques, soit pour *vice d'éducation*, soit pour toute cause d'infériorité, se rabattent sur les personnages infimes, à la bourse peu garnie, imbus des mêmes principes qu'eux : soldats, ouvriers, déclassés sordides, enfants déguenillés, etc.

Ils n'ont point de quartier attitré, et se répartissent, isolés, sur les boulevards extérieurs ou les fortifications. Nous fe-

rons cependant une exception pour le
pont Saint-Michel, au dessous duquel, à
la tombée de la nuit et sans le moindre
souci de la préfecture de police, adja-
cente à ce point, un certain nombre de
pédérastes de bas étage tiennent leur
marché jusqu'à une heure avancée de la
nuit. Les couples, formés en ce lieu, vont
généralement s'enfermer dans certains
hôtels du quartier Galande, et principalement dans un garni borgne de la rue
Boutebrie où, certain matin que nous vi-
sitions cet horrible bouge, en compagnie
d'un de nos confrères, nous avons pu
constater que *toutes les chambres* étaient
habités par des couples masculins ; dans
certaines même, le couple était augmenté
d'un troisième personnage.

Ce qui nous a le plus frappé, dans la
tenue de ces malpropres individus, sur-.

pris à la première heure par notre visite
et ignorants de notre simple curiosité, ça
été, outre l'hébétement abject de leur
physionomie, l'effarement de chacun, son
tremblement à notre apparition et ce sentiment unanime, non de remords, mais
de terreur d'être arrêté. Il nous semblait
que l'un ou l'autre eût essuyé de notre
part l'outrage le plus méprisant et se fut
borné à nous remercier, presque, de nous
borner à ce seul acte.

Certains bains chauds et différents hôtels meublés, plus spécialement établis
aux alentours des gares, nous ne les dé-
signerons pas autrement, sont également
affectés comme lieux de réunion pour les
couples pédérastes ; nous connaissons
même l'un de ces hôtels dont le patron,
ami des bénéfices honnêtes, reçoit dans
son établissement de pareils ménages

dont il rançonne le personnage actif,
avant son départ, le menaçant de le faire
arrêter s'il ne vide sa bourse. Ce
chantage est alors accompli de com-
plicité avec le pédéraste de métier au
seul détriment de la victime racolée par
lui.

*
* *

Au surplus, en dehors des *marchés* où
il suffit de se présenter et de choisir, sans
aucun préambule, le racolage se fait à peu
près généralement de la même façon,
qu'il ait lieu aux abords des passages,
auprès du Grand-Hôtel, sous les arcades
Rivoli, au Palais-Royal, aux Tuileries,
sur les boulevards ou au Luxembourg.

Si vous marchez lentement, levant le
nez distraitement, abandonnant vos mains

au hasard, vous ne tardez pas à voir arri
ver devant vous un personnage glissant
sans bruit sur le pavé, se déhanchant de
manière bizarre, les mains généralement
croisées derrière le dos, vêtu indistinctement, et rasé de très près.

Arrivé à votre portée, il vous enveloppe
d'un regard dont on n'oublie plus le re-
flet dégoûtant, quand on a pu l'analyser
au passage, et vous heurte légèrement.
Si vous ne prêtez aucune attention et con-
tinuez votre route, le monsieur n'insiste
pas.

Si, au contraire, le hasard veut qu'à ce
moment vous avez la pensée d'examiner
un objet quelconque à la devanture d'un
magasin voisin, l'homme, qui vous a suivi
du coin de l'œil, se rapproche de votre
personne, se place derrière votre épaule
et y opère des pressions qui vont aug-

mentant progressivement d'intensité. Encore, qu'un hasard désagréable ne vous
ait poussé à contempler, les mains derrière le dos, le susdit magasin, bientôt
vous sentiriez l'attouchement du personnage.

Vous éloignez alors vos mains, et par-
tez en rougissant, sans oser, par peur de
scandale, invectiver le monsieur dont
vous venez de reconnaître l'immonde in-
dividualité.

Telle est la manière de racoler, habi-
tuelle à ces messieurs. Signalons-en une,
assez pittoresque, néanmoins, pratiquée
à l'égard d'un de nos amis, se rendant un
soir au match Slosson-Vignaux, au
Grand-Hôtel.

Notre ami, non pressé, marchait tranquillement, quand il aperçut à sa droite,
planté sur le trottoir, entre le café de

la Paix et l'entrée de l'hôtel, un tout jeune homme, parfaitement imberbe, vêtu d'une jacquette sous les pans de laquelle se cachaient ses mains. A la vue de notre ami, il le regarda en souriant, cligna de l'œil, et secoua vivement, à plusieurs reprises, les pans de son vêtement.

Notre ami passa et le petit jeune homme, toujours à la même place, recommença son manège quelques instants après, à l'intention d'un nouvel arrivant.

Enfin, dans les bals masqués, on est assuré de se heurter à des pédérastes, vêtus en femme, et accouplés à des mâles de la plus triste espèce.

Il est tels de ces androgynes qui possèdent un genre de beauté si féminin, qu'ainsi habillés en femmes ils sont méconnaissables à un coup d'œil superficiel quand on les croise sur la voie publique,

et ne peuvent être reconnus qu'à la lon-
gueur des extrémités.

La Préfecture de police possède une
collection de photographies de pédérastes
ainsi transformés par le vêtement ; le plus
grand nombre de sujets trompent absolument, même après un long examen, et
provoquent cette exclamation :

— Quelle belle femme !

Ces femelles avortées ont pour but
principal d'exciter les désirs lubriques
des gens frappés d'un vice aussi dégoûtant. Elles allument les convoitises et entraînent à leur suite non pas un, mais bon
nombre de clients riches.

* *

On ne s'imagine pas à quel point de démence peut mener ce vice, et quels moyens il fait inventer pour la satisfaction de ceux qui le pratiquent.

Il semble que, par degrés, ils sont condamnés à éprouver plus de sensations étranges et opposées aux règles ordinaires ; ils montent progressivement et sûrement l'échelle des aberrations et arrivent à ne plus trouver de plaisir que dans la rue, au milieu du public, en plein danger de répression.

C'est ainsi qu'auprès de *l'Arbre d'Amour* dont nous avons parlé, le service des mœurs surprit, un soir, une bande de pédérastes, formant un rond très serré autour de deux d'entre eux, se livrant à des actes de la plus odieuse obscénité.

Les urinoirs semblent attirer ces gens, et cependant le lieu n'est guère un endroit hermétiquement clos.

Et, puisque nous parlons d'urinoirs, faisons connaître une particularité étrange. Dans ceux de ces établissements, à compartiments élevés et à séparations complètes, nombreuses sont les cloisons percées d'un trou, permettant de jeter un coup d'œil indiscret sur son voisin !

On a arrêté un soir, Cours la Reine, un soldat et un ouvrier, à *moitié nus !* ce qui constitue le comble de la tranquillité.

On n'en finirait pas de raconter les arrestations de pédérastes sur la voie publique ; chose triste à dire, le plus souvent l'un des deux acteurs appartient à la plus haute société, possède fortune, talent, situation, et, étrange phénomène, il n'a point dépassé la première jeunesse.

N'était-il pas, il y a peu d'années, un très haut personnage étranger si imbus de l'idée pédérastique, qu'il le fallait faire accompagner, en ses sorties de nuit, par deux agents en bourgeois, chargés de le surveiller et de le garantir contre toute arrestation... imprudente !

Un jeune drôle, actuellement et pour toujours en Nouvelle-Calédonie, devrait, selon la légende, adresser chaque jour de vives actions de grâce au susdit personnage qui lui a rendu le plus précieux des services.

D'autres, moins favorisés de la fortune, ont eu maille à partir avec la justice ; mais le plus souvent, s'il est possible, on ébruite peu ou point de telles arrestations.

Enfin, ils ont à leur disposition des maisons, du genre de celles où les comples mâles et femelles vont s'abattre clandestinement.

Longtemps le fait paraissait être de pure invention ; il a fallu la comparution, à la barre de la huitième chambre, il y a quelques jours à peine, d'une dame Euphémie R... inculpée d'excitation de mineurs à la débauche. *Mineurs* et non pas *Mineures !*

La fille R... avait monté un établissement tout spécial, où de vieux satyres trouvaient toutes les satisfactions désirables.

La maison recevait trois genres de clients :

1° Les acteurs payant cent ou cent cinquante francs par cachet ;

2° Les spectateurs qui, moyennant vingt ou trente francs, assistaient, cachés dans des logettes confortables, à des saturnales indescriptibles ;

3° Les petits jeunes gens, acteurs pas-
sifs, dont on récompensait les services
par de menues sommes d'argent. Il y
avait, néanmoins, un tarif spécial pour
les novices.

Un jour, la police eut l'idée de faire
une descente dans l'établissement.

Les agents entrèrent tout d'abord dans
un fort beau salon circulaire, orné de
magnifiques tentures de velours rouge et
entouré d'une ceinture de petites loges.

Ils trouvèrent là plusieurs personnes.
D'abord, un homme d'une cinquantaine
d'années, et portant pour tout costume
un corset de femme, en satin rouge !

Ce monsieur déclara être pharmacien,
habiter une ville du Nord et être venu
à Paris avec ses enfants, à l'éducation
desquels il se consacrait ! A côté du
droguiste se trouvait un prêtre, encore

chaussé de ses souliers à boucle, vêtu d'un fichu de dentelles et d'une jupe en satin prune.

Puis enfin, un marchand d'huiles, un professeur de musique, un fonctionnaire et d'autres seigneurs de moindre importance.

La police, très curieuse, perquisitionna et trouva dans les accessoires deux costumes complets de sœur de Saint-Vincent de Paul ! ! des corsets, des plumeaux, des plumes de paon et d'autres instruments bizarres ! Il y avait encore un chien danois, de forte taille que son maître louait à la soirée !

N'est-ce point une joyeuseté rare que cette collection hétérogène, complétée d'un chien, et ne donne-t-elle pas une haute idée des renversements du sens génésique chez certains mâles !

Ajoutons à titre complémentaire, que la fille R... à recueilli, six mois de prison, à la huitième chambre.

*
* *

Messieurs les pédérastes *syndiqués* joignent à leur industrie un commerce, souvent de meilleur rapport : le chantage.

Cette opération, toujours pratiquée de la même manière, est accomplie au détriment de personnes riches, naturellement, et se fait de la façon la plus simple.

Quand un personnage est, de par sa situation ou sa famille et ses relations, sujet à craindre la renommée de ses *escapades*, on lui détache un petit jeune homme et... on le surprend en sa compagnie.

Alors, non seulement on lui extorque le plus d'argent, séance tenante, mais parfois on lui fait signer l'aveu de son acte et on en vit fructueusement pendant de longues années.

La victime se plaint rarement, et cela s'explique aisément ; il est, en effet, assez désagréable d'aller dévoiler de telles turpitudes à la Préfecture de police pour lui demander une assistance, qu'au surplus elle s'empresse de rendre avec le plus possible de discrétion.

En outre du chantage, certains pédérastes pratiquent l'assassinat pour dépouiller leur victime ; ils préfèrent ce mode violent d'avoir de l'argent au moyen cité précédemment. Le service de la sûreté ne se trompe jamais sur les auteurs d'un crime, quand, aux constatations, le cadavre est trouvé dans une position ne laissant aucun doute sur la nature des relations de la victime au moment du meurtre.

*
* *

Nous passerons sur les lugubres histoires d'enfants traités de la plus horrible façon et tués ensuite, sur le fait de l'ouvrier lié à une planche et violé par quatre pédérastes, pour arriver à quelques genres typiques, qu'on pourrait presque qualifier de gais, si pareille appellation était permise en l'espèce.

Il y a quelque temps, un étudiant en pharmacie s'arrêtait à l'un des guichets de la gare du nord et demandait un billet pour Amiens ; au moment de payer, il s'aperçut qu'il lui manquait trois francs.

Assez perplexe, et ne sachant où trouver cette somme, modique néanmoins, il porta d'abord sa valise à la consigne, et rentra dans Paris.

La nuit était venue. Il marcha tout
rêveur, et s'arrêta, fatale destinée, non
loin d'un urinoir des Champs-Elysées.
Un quidam, qui sans doute portait quelque intérêt à l'élève en pharmacie, l'interrogea bienveillamment, apprit le sujet
de sa peine, lui remit trois francs et l'entraîna dans le dit urinoir... où deux agents
du service des mœurs le surprirent *fla-
grante delicto*.

La valise de l'étudiant attendit six mois
à la consigne que son propriétaire la
vint réclamer ; ce qui lui fit dix-huit francs
de frais de magasinage !

* *
*

Une certaine nuit vers deux heures,
des gardiens de la paix, de service sur le
boulevard Rochechouard, aperçurent au

loin un parapluie ouvert ; le temps fort sec ne justifiant nullement un tel état chez cet ustensile, nos gardiens voulurent connaître la cause du phénomène et s'approchèrent.

Le riflard abritait un couple masculin, un homme et un enfant, qu'ils arrêtèrent séance tenante, l'outrage public à la pudeur étant plus que justifié.

Le lendemain, à l'interrogatoire des coupables, on reprocha à l'homme sa conduite.

— Bah ! fit-il paisiblement, quand on a été en Afrique !...

Le tour de l'enfant vint ; mêmes reproches.

— De quoi ! répondit le jeune voyou, y m'a donné dix ronds et un verre ed'vin !

Cet enfant est certainement appelé à des destinées toutes spéciales.

Un quidam, marié, quoique... ultra pédéraste, s'avisa un jour d'un moyen fort extraordinaire de satisfaire son immonde passion, sans risques, et surtout à bon compte.

Le hasard l'ayant informé d'infortunes conjugales, il s'arrangea de manière à surprendre sa femme en flagrant délit d'adultère.

L'amant tout penaud ne savait quelle contenance tenir, quand le mari... outragé le pria de passer dans une chambre voisine.

Là, il l'invita, sans autre forme de procès, à choisir entre une poursuite devant les tribunaux... ou quelques instants d'entretien particulier et... la libre disposition de madame, à l'avenir !

L'amant, très étonné, d'abord, refléchit et... accepta !

Le trio forme, depuis, un ménage que ne trouble aucunes discussions intestines.

* *

A un bal de l'opéra, un habit noir s'enflamma d'une passion aussi extravagante que soudaine pour une ravissante femme qu'il venait de croiser.

Il fit, sans préambule, une cour en règle, comme cela se pratique à un bal à l'Opéra, c'est-à-dire en employant des moyens touchants fort significatifs.

Survint à ce moment un ami de l'habit noir, qui témoin de ces marques, non déguisées, d'estime pour la femme, dit vivement, à voix basse :

— Que fais-tu ?

— !!!

— Tu te trompes, cette femme est... un homme.

— C'est impossible !

— Je crois pouvoir l'affirmer, à certains indices, mal définis peut-être, mais qui ne trompent pas un œil exercé.

L'habit noir persista à ne point vouloir admettre l'assertion de son ami, qui, piqué au jeu, offrit de parier sur le sexe de l'individu en question. L'offre acceptée, on convint de s'en fier au dire de l'habit noir, qui après souper offert à l'élégante personne, constaterait *in anima vili.*

Il présenta son bras à la dame, ignorante de ce débat, offrit son cœur, accepté d'emblée, et mena sa belle en un cabinet particulier.

L'habit noir avait invité à souper un androgyne !

Confus et très vexé, il réfléchit quelques instants, si bien même qu'à la fin, il proposa à son convive de le présenter, le lendemain, à l'ami, et le pria d'affirmer devant lui son... autre sexe.

L'autre accepta paisiblement, à la toute petite condition, de jouer son rôle féminin, dès l'instant, proposition qui fit un peu rougir l'habit noir... !

Celui-ci gagna son pari.

*
* *

Ce vice dégoûtant prend de telles extensions chez certains individus qu'ils arrivent à perdre tout sens moral, à ne plus même avoir souci de leur nom, de leur profession et de leur dignité et la jettent à la publicité, pour la vaine satisfaction de leur dépravation.

Qui n'a souvenance de certain avoué de province, ami « intime » des deux assassins de Neuilly, après leur crime, et qui fit leur connaissance dans un bouge, où ils lui racontèrent tous les détails de l'assassinat.

Le dit avoué, satisfait de ses relations nouvelles, informa, quelques jours après, un capitaine d'infanterie de son heureuse trouvaille et le conduisit auprès des deux gredins.

Quand, peu après, les assassins, arrêtés, comparurent devant la cour d'assises, l'avoué et le capitaine, cités en témoignage, avouèrent paisiblement leurs relations avec ces deux gredins, racontè-

rent de quelle façon ils avaient noué connaissance, et se retirèrent tranquillement,
sans paraître s'apercevoir du dégoût
soulevé par leur cynisme.

*
* *

Et cette histoire bizarre de chantage à
la pédérastie, différente absolument des
moyens vulgairement employés par ces
chevaliers d'amour pour abuser pécu-
niairement de leurs victimes !

Un honorable négociant, solide gaillard
et de caractère très trempé, entra ces
quelques jours, ou plutôt ces quelques
nuits, dans un urinoir. Il était au cours
de ses fonctions quand soudain un nouvel
arrivant, se glissant à ses côtés, l'empoigna brusquement et surtout si virilement
par certaines parties odieuses au cha-

noine Fulbert, que le négociant demeura haletant et dans l'impossibilité de se mouvoir.

En même temps, il entendait prononcer, vite et bas, à son oreille !

— Allons ! de l'argent !... sinon je crie et vous fais arrêter comme pédéraste !...

La victime, toujours tenue en respect, répondit qu'elle allait s'exécuter, glissa la main dans sa poche, en retira... un revolver et le braqua sur l'individu.

Celui-ci, lâchant alors sa proie, se roula aux pieds du négociant, qui après avoir repris une tenue décente, empoigna l'homme au col et le conduisit, le revolver toujours au nez, jusqu'au premier gardien de la paix.

*
* *

Croirait-on que chez de pareilles brutes l'amour existe! l'amour éthéré, parfois, tel que le comprennent les natures suaves dans leur prime jeunesse, alors qu'elles prennent à témoin le ciel, les étoiles et la terre de la pureté de leur affection.

Il suffira pour s'en convaincre de lire la pièce suivante, intitulée : ma confession, extraite d'un rapport du docteur Tardieu sur la pédérastie.

PREMIER AMOUR

Le premier que j'ai aimé, oh ! comment expliquer comment je l'ai aimé ! comment dire le délicieux frémissement de mes sens lorsque j'entendais sa voix et le

bonheur que j'éprouvais à épier son regard, et les tendres soins que je prenais
à faire naître un sourire sur ses lèvres !
Et cependant je dois en convenir, c'était
le premier être qui faisait palpiter mon
cœur tous les jours, qui parait mes rêves
d'images toujours riantes, qui m'ouvrait
une vie toute nouvelle, et dès lors je ne
compris plus de bonheurs qui ne fussent
pas lui, de sentiments qui ne fussent
pour lui, de devoirs que je ne sacrifiasse
à lui. Chacun de ses mots venait vibrer
par tout moi comme une tendre mélodie ;
son regard, souriant ou paisible semblait
se refléter en douces joies au fond de
mon cœur, je comprenais que c'était ainsi
que devait être la volupté des anges.

Aussi, près de lui, je sentais pâlir tous
les sentiments de la vie.

Qu'étaient-ce maintenant pour moi que

des préjugés imposés par les lois ou par l'habitude ! Qu'étaient-ce alors que les plaisirs de la société, les triomphes de l'amour-propre ! Que de fois, pour rester près de lui, je fuyais mes amis d'enfance ! Oh ! pour lui que n'eussé-je point fait sur la terre ! Que n'ai-je point demandé au ciel, et quelle affection rivale aurait pu parvenir à mon âme !

DEUXIÈME AMOUR

Faut-il le dire pourtant ?... Trois années de cette première ivresse étaient à peine finies, qu'un autre sentiment vint envahir mon cœur. Nulle puissance ne put s'opposer à l'intérêt que m'inspira un être qui n'avait pas sur moi les droits du souvenir, mais dont le front candide éveillait en moi mille charmantes espé-

rances. Il avait de grands yeux bleus,
dans lesquels j'aimais à puiser la tendresse ;
et lorsque sa tête s'appuyait sur mon
épaule, lorsque sur ses lèvres venait errer
mon nom ; comme le premier accord de
notre franche amitié, je me disais :

Là aussi sera pour moi le bonheur
d'être aimé !

TROISIÈME AMOUR

Comment à quelque temps de là, se
trouva près de moi un gentil garçon, au
teint pâle, aux yeux noirs, je n'ose vrai-
ment vous le dire... Toutefois, puisque
ma plume veut se vouer à la vérité, et
que mon cœur doit ici trahir tous ses
secrets, j'avouerai que cette nouvelle passion ne fut pas seulement un de ces épi-
sodes piquants qui passent dans la vie

d'un homme, comme ces étoiles éphémè-
res qui glissent à travers le ciel sans en
déranger l'harmonie. Mon jeune amour
vint prendre sa part aimante dans mon
âme ; et, pour l'y fixer, je lui prodiguai
mes plus intimes caresses. J'aimais à suivre le développement de ses premiers
sens, à rapporter à moi seul tous les ef-
forts de sa sensibilité. Je ne dus point résister au nouveau qui s'offrait, j'en devins
fou.

QUATRIÈME AMOUR

Oh ! Si je pouvais environner de mystère ce qui me reste à vous dire, si je
pouvais sceller au fond de mon âme cette
dernière faiblesse de la nature, je m'arrê-
terais à ce nombre mystique de mes
premiers amours. Mais, hélas ! les desti-

nées sont grandes, inexplicables; et je du
malgré moi finir par adorer un enfant,
tombé, je crois, de la voûte éthérée. Beau
comme les chérubins qui soutiennent le
voile sur le front de la vierge, sa bouche,
toute petite, avait un de ces sourires qui
durent faire faillir Ève, si ce fut ainsi que
le diable la prit; dans ses yeux était une
volupté d'innocence qui faisait tout espé-
rer et tout pardonner. Aimable et gracieux, soumis à vos caprices, prévenant
vos désirs, il vous couvrait de doux regards et de caresses charmantes; il ne
fallait pas le voir, ou il fallait l'aimer... et
voilà pourquoi je l'aimais.

Et cependant, si vous voulez comprendre, si vous voulez savoir comment je les
aime tous, comment il m'aime et comment nous vivons, soulevez le rideau qui
ombre ce tableau... C'est un de ces mys-

tères incompréhensibles que la nature seule révèle.

****

Pour en finir avec les pédérastes, disons qu'ils ont des souteneurs, agissant exactement comme leurs confrères du monde des femmes, chargés de les garantir des visites inopinées du service des mœurs et des surprises de toute nature, de faire payer le client récalcitrant etc...

Ces souteneurs pratiquent avec un très grand zèle.

IV

LES SINGULARITÉS DE L'AMOUR

—

Notre ami Louis Jacolliot, dans son livre la *Bible dans l'Inde*, dit : « à l'homme, Brahma donna cinq organes, le tact, la vue, l'odorat, le goût, l'ouïe et un sixième, admis par tous les philosophes indous et appelé *Mamas*, qui est l'agent de l'union des sexes. »

Ce « sixième sens », nombre de Parisiens l'ont quelque peu fait dévier de sa ligne naturelle, le transformant en une aberration constituant une dérogation aux lois qui régissent la sensibilité propre des organes et des facultés.

On en jugera aisément par les exemples suivants, traitant de la façon bizarre dont certains mâles entendent le fonctionnement de l'amour.

« Un grand nombre, dit le docteur Paul Moreau (de Tours), après s'être laissé entraîner irrésistiblement, fatalement par le penchant naturel qui porte un sexe vers l'autre, ne peuvent plus s'arrêter sur une pente d'autant plus dangereuse qu'elle se dissimule sous les fleurs. Bien vite rassasiés, lassés, ils ne peuvent plus être réveillés que par les plaisirs les plus grossiers, faisant appel à tous leurs sens pour satisfaire leur passion dominante.

« Après avoir usé de tout ce qui pouvait surexciter leurs organes engourdis, ils tombent infailliblement sous l'hébétude, la stupeur, ne tiennent plus à une vie dont ils ont épuisé tous les principes, et s'ils n'ont pas assez de courage pour mettre un terme à une existence si malheureusement remplie, la démence incurable s'en empare et les conduit rapidement au tombeau. »

Ces gens, dont parle l'éminent docteur, sont ceux-là même qui pratiquent l'amour à la façon dont l'indique le titre de ce chapitre.

Tels sont bizarres leurs modes de procéder que nous avons cru devoir terminer ce volume par l'énoncé, rapide il est vrai, de ces « singularités de l'amour » ; le plus grand nombre ne soupçonne même pas les aberrations du sens génésique que nous allons décrire, capables de fournir une liste si longue qu'il nous a fallu élaguer considérablement et nous borner à la citation des exemples les plus saillants.

Au surplus, nous avons choisi, de pré-

férence, les faits constituant un cas pathologique, plus spécialement désignés à l'attention de l'académie de médecine, et con-
signés, comme tels, sur les rapports officiels.

L'un des cas les plus extraordinaires d'aberration des sens génésiques est le suivant, qu'aucun traité officiel ou même officieux n'a relevé ; le hasard seul nous l'a fait connaître.

Une fille publique, de cinquième catégorie, avait pour client « trimestriel » un individu, âgé d'environ quarante-cinq ans, qui la venait trouver et lui donnait dix francs, prix de l'opération suivante :

La fille le mettait en état de nudité absolue, lui liait les pieds et les mains, au moyen de mouchoirs fortement serrés, lui bandait les yeux et tirait ensuite les rideaux de la fenêtre, pour donner le plus d'obscurité à la chambre ; ces différentes opérations accomplies, elle asseyait le client sur un canapé *et sortait*, le laissant seul à ses méditations.

Une demi-heure après elle revenait ; l'homme avait suffisamment réfléchi ! Il payait et s'en allait content... pour trois mois.

*
* *

D'aucuns... épuisés ont besoin d'excitants, tels que les piqûres d'épingle ou les coups de martinet, étrange stimulant qui, néanmoins, produit des résultats... hybrides.

D'autres sentent renaître... l'émotion par le moyen de l'agrémentation visuelle, et se pâment d'aise au spectacle de choses aussi nauséabondes que malséantes. C'est pour cette classe d'individus qu'a été inventé le *tabouret de verre,* meuble en forme de siège, dont le fond est fait d'une glace, sans teint.

Le « héros », étendu de son long, la tête placée sous la glace, peut voir, à son aise, et en tirer toutes les conséquences désirables, certains spectacles qu'il ne nous convient pas de détailler, et dont l'acteur principal est « l'amie du monsieur ».

*
* *

La plus étrange, et aussi la plus immonde des aberrations du sens génésique, est celle de l' « épongeur ».

Maintes fois ce cas a été relevé, soit par agents des mœurs, soit par les médecins

spécieux ; il ne constitue aucun outrage
à la pudeur, même la plus privée, et ne
représente qu'un fait monstrueux.

L' « épongeur » est un monsieur qui,
le soir, en des lieux plus spéciaux, se tient
à l'affût des femmes, venues à l'écart satisfaire un besoin très passager ; la femme
partie, ils accourent, se baissent vers le
sol « humide » laissent tomber une petite éponge dans « l'humidité », l'emprei-
gnent du « liquide » et... la portent aux
lèvres avec avidité ! ! !·

Entre autres lieux affectés par les
« épongeurs », signalons la rue de Bondy,
où, derrière les théâtres de l'Ambigu et
de la Porte Saint-Martin, ces aberrés font
ample moisson, à l'heure des entre-actes !

*
* *

Un type spécial est encore celui du monsieur qui « aborde » une fille et lui dit :

— Veux tu gagner un louis ?

— ! ! !

— Bien. Marche devant moi et arrange-toi de manière à « faire un homme ! »

— ! ?

— Oui. Tous deux, alors, vous irez dans le premier hôtel.

La fille obéit ponctuellement, et, le temps qu'elle passe dans l'hôtel, en compagnie du nouveau « monsieur », le premier se promène paisiblement, de long en large, devant la porte !

La fille descendue, il lui remet les vingt francs et s'en va satisfait.

*
* *

Du même acabit, ce monsieur, *marié*, qui conduisait sa *femme*, dans une maison de la rue Grange-Batelière, *à clientèle féminine*, attendait tranquillement dans une chambre voisine, et reprenait le bras de son épouse, celle-ci... libre !

Ce lui coûtait vingt francs !

*
* *

Un soir, en une réunion très mondaine, un jeune homme, porteur d'un nom très connu autrefois dans le monde des lettres, remarqua une femme des plus séduisantes,... et en fut remarqué. Un rendez-vous fut la conséquence de cette entente électrique.

A l'heure du berger, le jeune homme voulut prendre possession de la dame ; mais, celle-ci se révolta de la belle manière, à la plus grande stupéfaction de l'amoureux qui crut devoir formuler quelques observations.

— Je suis mariée, dit la dame, et *j'aime mon mari !* Malheureusement, j'ai... une passion... qui le répugne, et, comme je ne peux vaincre ce désir, il faut bien que je le satisfasse !... Ah ! si mon mari voulait !... mais il ne veut pas !... je vous ai choisi, de préférence à d'autres, certaine de votre discrétion !... et...

Le jeune homme en passa par les désirs de la dame, et... trompa la confiance qu'elle avait en sa discrétion, car, le soir même, il se complut à raconter ce fait, parvenu jusqu'à nous, depuis.

*
* *

Un négociant du faubourg Montmartre possédait un système nerveux par trop hygrométrique, et tout particulièrement sensible à l'influence du temps humide.

Donc, aux jours de pluie ou de boue, il avisait mainte femme, la menait chez un cordonnier, lui achetait une magnifique paire de bottines, *à lacets*, et la faisait incontinent se chausser.

Le couple sortait ensuite.

Dehors, le négociant priait la femme de *marcher dans le ruisseau et de se bien crotter*, lui promettant vingt francs pour la peine.

La femme, d'abord étonnée, obéissait sans scrupules ensuite, et s'éclaboussait à l'aise jusqu'à l'instant où le monsieur l'arrêtait dans ce manège, pour la conduire en un hôtel quelconque.

A peine enfermé avec sa conquête, il se précipitait à ses pieds et dénouait les lacets des bottines avec ses dents, prenant ainsi un immense plaisir à barbouiller ses lèvres de boue !

Les bottines dénouées, il payait ce travail de la somme promise et partait !

*
**

Un personnage moins répugnant, mais aussi singulier, était ce respectable vieillard, habitué du jardin du Palais-Royal, lequel venait s'asseoir à l'extrémité d'un banc, occupé par une femme seule, dont préalablement il avait deviné le caractère... amoureux.

Le vieillard, toujours respectable, et

prenant soin de maintenir une distance convenable entre lui et la dame, commençait à converser avec elle, l'amenant progressivement à lui raconter des histoires égrillardes.

La femme, devinant une conquête et désireuse de la « chauffer », n'avait garde de se retenir; elle conversait donc, *de omni re scibili,* tant et si bien, qu'à certain instant, le vieillard, de plus en plus respectable, tressautait d'aise, à l'extrémité de son banc, poussait quelques gloussements de satisfaction, mettait ensuite la main au gousset, en tirait cinq francs, les remettait à la femme, et... s'en allait!

C'était un pacifique!

*
* *

Tel autre avait la monomanie... « du viol de la grande dame » et, peut-être ignorant de certaines facilités à cet égard, il s'était rejeté sur une maison de la rue de Richelieu, dont la maîtresse pour complaire sa passion, jouait une agréable comédie.

Aux jours fixés, le monsieur arrivait, en tenue rigoureuse de soirée ; il était introduit en un salon magnifiquement éclairé occupé par une dame, en toilette de bal et au maintien sévère.

— Eh ! chère marquise, disait-il, en marivaudant d'entrée, que je suis heureux de vous rencontrer.

— Cher comte !...

— Enfin, je vous trouve seule !...

— Que veut dire ?...

— Qu'après un temps si long, je puis vous parler sans témoins !...

— Monsieur...

— Vous dire combien je vous aime !

— Monsieur !...

— Vous !...

— Y pensez-vous ?... Et mon mari !

— Je vous aime !...

— Mes enfants !...

— Je vous aime !... Je vous adore !... nulle autre occasion, peut-être, ne me sera donnée de vous parler ainsi, de... Je vous veux posséder... Je veux... au moins déposer un baiser sur vos belles épaules !... je...

Et ce monsieur s'avançait vers la pseudo-marquise, la voulait enserrer de ses bras, et déposer violemment un baiser sur les dites épaules.

La femme affectait un air indigné, se

levait alors brusquement, repoussait le « comte », courait à la sonnette, et en tirait vivement le cordon ; un domestique prêt pour la circonstance, apparaissait aussitôt.

— Reconduisez Monsieur ! disait-elle, superbement.

Le monsieur, tout confus, saluait respectueusement, et sortait,... l'âme remplie d'une ivresse factice.

Cette façon d'éprouver un bonheur céleste coûtait un prix assez exagéré au personnage.

*
* *

Autre exagération bizarre.

Un bipède, d'acabit spécial, aimait pour sa part, à s'offrir l'illusion de la mort... de sa compagne.

Pour ce faire, il s'approchait, courbé en deux, d'un cercueil capitonné de soie, dans lequel une femme vêtue de blanc, la figure soupoudrée de poudre de riz, était étendue, immobile ; il la considérait quelques minutes, en silence, puis ses yeux s'éclairant de reflets immondes, il se baissait vivement, soulevait les vêtements de la pseudo-morte, se précipitait bestialement sur elle... et la violait... par persuasion !

Encore une satisfaction factice épuisant le porte-monnaie de ce monomane.

*
* *

Un singulier cas de divorce.

Un négociant, des environs de la gare Saint-Lazare, dont la femme avait fui le domicile conjugal, s'en vint un jour trouver son commissaire de police et le pria d'inviter l'épouse échappée à réintégrer le domicile conjugal.

Le magistrat entendit contradictoirement les époux.

Mais, la femme, outre de nombreux griefs, invoqua une raison plus grave de sa fuite : non seulement son mari ne pratiquait pas le devoir conjugal, mais encore il obligeait sa femme à avoir des relations avec un chien de Terre-Neuve, qu'à cet effet on faisait monter, chaque soir, au logis des mariés.

On comprend qu'à un tel régime l'épouse du négociant ne put tenir longtemps.

Le mari étonné d'une telle protestation, *pour si peu de chose* ! (sic) fit au commissaire de police cette réponse étrange :

— Oh ! Monsieur, il était si jeune; il n'avait que huit mois ! ! !

La justice, n'ayant pas cru devoir tenir un compte sérieux de la jeunesse du chien, a prononcé le divorce contre le bizarre époux.

*
* *

On croirait peut-être que les aberrations du sens génésique frappent les cerveaux des seuls individus d'âge déjà avancé ; il n'en est rien, témoin le cas de ce collégien qui donnait vingt francs à une fille de la rue de la Harpe, pour le seul plaisir de regarder... de près, ses pieds nus et... sales !

*
* *

Voici un cas du genre horrible, heureusement rare.

Un personnage, à la cervelle étrangement aberrée, éprouvait un plaisir extrême
à faire acheter par la fille, chez qui il allait, un lapin ou un pigeon vivants et à
assister au supplice lent du malheureux
animal ou de la volatile.

La fille leur arrachait les yeux, brisait
leurs pattes et leur écrasait les reins, avec
le raffinement le plus grand de cruauté.
L'homme, satisfait alors, payait et sortait
sans avoir demandé autre chose à la
femme.

Il faut reconnaître que la plupart des
filles à qui s'adressait cet individu se re-
fusaient à satisfaire son horrible caprice.

*
* *

Un autre avait une singulière manie,
consistant à faire noircir au charbon de

bois ou à la suie, les mains de l'aimable personne à qui il venait demander ses faveurs.

Cette opération accomplie, il plaçait la donzelle vis à-vis une glace, et conversait avec la fille, sans perdre de vue ses mains réfléchies dans la dite glace.

L'homme partait heureux après ce genre de spectacle.

.*.

Aussi étrange la manie du suivant qui, à jour fixe, une fois le mois, montait chez la même femme et éprouvait un suprême bonheur à égaliser à l'aide de ciseaux, les cheveux de la fille, lui tombant sur le front.

Cette besogne de coiffeur suffisait à son bonheur.

*
* *

Plus naturel le caprice de ce vieux monsieur.

Il affectionnait les Champs-Elysées, à la tombée de la nuit, et y liait connaissance avec une hétaïre quelconque. Celle-ci, pour prix de l'argent promis, devait marcher devant son séducteur, s'arrêter à tous les bancs, mettre le pied sur chacun d'eux, relever sa jupe comme pour rattacher sa jarretière, et montrer son mollet. Quand le vieux monsieur était suffisamment rassasié de ce spectacle, il payait, donnant toujours un louis, et souhaitait le bonsoir à sa compagne.

Détail particulier : la femme choisie devait avoir des bas noirs.

*
* *

Autre type bizarre, possédé d'une manie presque semblable.

Celui-ci avait choisi pour champ de ses exploits l'espace compris entre la Madeleine et l'Opéra.

Il « recueillait » une femme, la faisait marcher devant lui, en lui ordonnant de se dandiner au mieux et de provoquer les propositions masculines, sans toutefois y accéder.

Ce manège s'opérait, *vice versa*, d'un monument à l'autre, après quoi, l'homme remettait à la femme une somme d'argent basée sur le nombre de proposition reçues par elle, sur son chemin.

*
* *

Signalons simplement les cas répugnants, contre nature et de l'ordre le plus
sale, tels que ceux des individus n'éprou-
vant de satisfaction qu'à la vue d'excré-
ments féminins, et passons à cet hybride
personnage qui « s'amusait » de la singulière façon suivante.

Notre homme venait, trois fois la semaine, chez la même personne, devant
qui, sans dire un mot, il prenait, par an-
tiphrase, le costume de notre premier
père.

Cette opération préliminaire accomplie, fort gravement, il prononçait ces
trois mots :

— Coq ou paon?

Selon le nom du volatile choisi par la
femme, il prenait dans ses vêtements un

petit paquet, l'ouvrait, en tirait une touffe de plumes répondant au signalement de l'oiseau désigné, s'en parait en une partie du corps désignée par la nature pour un usage plus séant, et se pavanait, solennel, une demi-heure, avec ce singulier ornement.

Ce temps accompli, il reprenait ses vêtements, payait et partait.

*
* *

Nous ne pouvons mieux clore ces divers exemples d'aberrations du sens génésique que par la reproduction d'une partie du procès-verbal de la séance de la société de médecine légale, tenue le 13 juin 1887, procès-verbal publié dans le *Bulletin médical*. On verra, par ce dernier aperçu, que nous n'avons inventé ni exagéré aucun de nos exemples. Il est même de ces cas, si étrangement orduriers, que nous n'avons osé les indiquer, même superficiellement :

PERVERSIONS SEXUELLES

M. P. Garnier. — Les perversions
sexuelles sont fréquentes chez les héréditaires, les dégénérés. Parmi ces derniers,
il existe un groupe de malades chez lesquels l'orgasme vénérien ne se produit qu'à
la vue d'un objet — d'une façon générale
toujours le même — un *bonnet de coton*,
un mouchoir, *un tablier*, par exemple,
comme MM. Charcot et Magnan en ont
rapporté des observations.

J'ai eu récemment l'occasion d'examiner un de ces individus dont le cas est
pour moi un type dans ces sortes d'ano-
malies.

Il y a trois mois à peine, cet homme,

âgé actuellement de 43 ans, était arrêté, avenue du Maine, en flagrant délit de vol. Il s'était emparé, ostensiblement d'ailleurs, d'un mannequin recouvert d'une matinée blanche. Appréhendé presqu'aussitôt, l'exploration de son casier juciciaire jointe à la constatation de bizarreries dans son état mental, le fit amener au Dépôt de la Préfecture de police, où il fut soumis à mon examen.

A. C., exerçant la profession de journalier, a, dans ses antécédents héréditaires, un oncle et un frère tous deux aliénés ; sa mère et sa sœur sont des mélancoliques. Il présente les stigmates physiques et moraux des dégénérés. Le diamètre crânien bipariétal est singulièrement élargi aux dépens de l'occipito-frontal rétréci.

Sa première enfance se passa sans maladies graves ; à l'école il fut un élève médiocre ; il ne s'adonna pas à la masturbation. Mais à 16 ans, se promenant dans la campagne, il aperçoit, séchant sur un buisson, un tablier blanc ; aussitôt il s'en empare et s'enfuit dans un bois voisin où il macule le linge de sperme. Dès lors, esclave de cette singulière passion, il rôde autour des séchoirs des blanchisseuses, vole un grand nombre de tabliers ; il assouvit son désir, fait un trou, cache le tablier pour venir à nouveau le déterrer et se masturber encore. Il suit les femmes qui ont un tablier blanc, ne s'inquiétant que du tablier, négligeant le sexe.

Ses parents, affligés d'un tel état de choses, le font embarquer ; pendant un an, n'ayant plus d'aliments d'excitation, sa passion sommeille ; mais il descend à terre en permission de 24 heures, dérobe un tablier, puis est arrêté, passe en conseil de guerre et est condamné à 8 jours de prison.

A partir de ce moment il continue de voler des tabliers chaque fois que cela lui est possible et est condamné de ce fait à diverses reprises. Toutefois en 1880 il est examiné par M. Blanche qui lui délivre un certificat d'irresponsabilité, et il est interné à Sainte-Anne. A sa sortie il recommence, est interné, puis relâché et ainsi jusqu'au mois d'avril de la présente année.

Ce qui est intéressant à étudier chez cet homme c'est la genèse de l'idée de vol; habituellement taciturne et sombre, son caractère s'assombrit encore lorsqu'il a des ennuis, des chagrins. Pour les chasser il se met à boire. L'arrêt moral

qu'il puise ordinairement dans sa volonté
disparaît alors, le désir naît et le contre-
poids faisant défaut, il vole pour le satisfaire. Mais il ne vole que des tabliers,
car tout autre objet est impuissant à faire
naître l'orgasme. Cette particularité est
si accentuée que par la seule puissance
de l'imagination il peut acquérir une re-
présentation mentale suffisante de cet objet pour que l'éjaculation ait lieu sponta-
nément, sans manœuvres provocatrices.
Il a volé une matinée, mais il s'est trompé,
et lorsqu'il s'est aperçu de sa méprise, il
s'est arrêté de lui-même et s'est laissé
prendre sans résistance.

De même que M. Blanche j'ai conclu à
l'irresponsabilité et le malade a été dirigé
sur Sainte-Anne.

Je signale aussi les *frôleurs* qui se glissent dans les foules, serrent de près les

femmes afin de leur dérober un mouchoir
— représentatif dans l'espèce du tablier
—à l'aide duquel ils satisfont leur passion.

M. Vibert. — J'ai eu l'occasion de voir,
à titre non médical, un individu qui en
pleine rue se frottait le long des femmes
et se masturbait en public; il fut arrêté
et condamné.

Mᵉ Léon. — J'ai défendu un homme
qui avait également dérobé un mouchoir
et s'était masturbé en public; j'ai plaidé
l'irresponsabilité, mais mon client, condamné en première instance, a vu la sen-
tence confirmée en appel.

M. Motet. — Il y a deux ans j'ai publié un rapport contradictoire dans lequel
je concluais également à l'irresponsabilité. Il s'agissait d'un dégénéré, ayant
subi de plus des traumatismes cérébraux
et médullaires, qui avait exhibé ses or-

ganes génitaux pendant plus de dix minutes à la portière d'un wagon en marche. Il fut condamné à un mois de prison.

M. Horteloup. — Les cas de cet ordre
sont à mettre au premier rang parmi ceux
qui rendent très difficile la juste appré-
ciation des magistrats.

FIN

TABLE DES MATIERES

FIN DE LA TABLE

Imprimerie DESTENAY, Saint-Amand (Cher).